◆中华传统美德修养文库◆

敬业尽责

徐潜　栾传大　主编

吉林文史出版社

图书在版编目(CIP)数据

敬业尽责 / 徐潜,栾传大主编. ——长春:吉林文史出版社,2008.4
(2021.11 重印)

(中华传统美德修养文库)

ISBN 978-7-80702-804-8

Ⅰ.①敬… Ⅱ.①徐… ②栾… Ⅲ.品德教育—中国—通俗读物
Ⅳ.D648-49

中国版本图书馆 CIP 数据核字(2008)第 051299 号

丛 书 名 中华传统美德修养文库
JINGYEJINZE
书 名 敬业尽责

主 编 徐 潜 栾传大
选题总策划 徐 潜
项目负责 王尔立
责任编辑 张雅婷
责任校对 李洁华
装帧设计 韩璘工作室
出版发行 吉林文史出版社
地 址 福祉大路出版集团A座
网 址 www. jlws. com. cn
印 刷 三河市燕春印务有限公司
开 本 690mm×960mm 1/16
印 张 8
字 数 50 千字
印 次 2021 年 11 月第 10 次印刷
书 号 ISBN 978-7-80702-804-8
定 价 30.00 元

总 序

中国是礼仪之邦，是世界四大文明古国之一，有唯一历史发展不曾中断的记录。从公元前 841 年西周共和年代起迄今 3000 多年中所有的历史事件都有文字记载。在悠久的历史进程中积淀了丰富的文化遗产，形成了厚重的中华传统美德，至今仍滋润着她的子孙。在改革开放的新形势下，我们大力弘扬中华民族传统美德和优秀的人格修养，对于提高全民族的精神文化素质，提升国家的软实力，具有深邃的价值和深远的影响。

首先，它有利于协调人际关系。“和为贵”是中华美德的基本信条之一，建设社会主义和谐社会首先就要处理好人与人之间的关系，改善社会风气，使整个社会洋溢着和睦、和谐的氛围。这也是中华民族绵延几千年不断发展进步的重要思想基础。

第二，它有利于培养民族精神。“自尊，自立，自强”是中华民族的传统精神，民族精神是一个民族赖以生存和发展的精神支撑。中华民族之所以历经各种各样的磨难，仍然能够不屈不挠、昂首挺胸地走过来，就是因为以爱国主义为核心的团结统一、爱好和平、勤劳勇敢、自强不息的伟大民族精神在支撑、推动着我们民族的进步和发展。

第三，它有利于推动社会进步。“大同”社会是中华民族的传统理想，几千年来，中华民族传统美德促进了中国社会的文明与进步，使我国保留了令世人瞩目的灿烂文化。从原始社会、封建社会到近代社会，再到建立社会主义制度、推进社会主义现代化建设的今天，中国之所以能够不断发展进步，中华民族传统美德和优秀的人格修养发挥了重要的引领和推动作用。

中华民族的传统文化源远流长，是中华民族的灵魂，其精髓就是中华民族传统美德和人格修养。这是我们民族世世代代传承下来的瑰宝,几千年来不同时代先辈们身体力行,生生不息,中华民族传统美德深深植根在中华儿女的心里,融进血液中,也是现今中国人言行的准则,成为我们民族能够屹立于世界民族之林的重要根基。

今天,我们的祖国前进在改革开放与建设社会主义和谐社会的征程上,八面来风带来了全球各国的文化传统和社会价值观,信息传输手段的多元化以及国际交流日益频繁等,各种思潮和思想纷纷涌入国门,中华传统美德和人格修养也面临着能否与时俱进、继续在当代中国人的精神家园中占据主流地位的挑战。2006 年 3 月,党中央提出了"八荣八耻"的社会主义道德观和价值观,党的十七大又提出了"弘扬中华文化,建设中华民族共有精神家园"的方针,从历史与现实结合的高度充分肯定了中华传统美德和人格修养的历史价值,也表明了弘扬传统美德和人格修养的重要意义。

本书以讲历史故事的形式生动形象地按类讲述中华传统美德的经典事例,寓道理于故事之中,化物于无形,使青少年能在轻松愉快的阅读中潜移默化地接受美德的熏染,陶冶心灵,感受中华民族传统文化的博大精深,了解中华民族传统美德的根深叶茂,为是中华美德造就的现代中国人而自豪,更深刻地理解走有中国特色的社会主义道路的必然性。从而激发人们建设美好社会,建设美好家园,建设新生活的冲天豪情。

前　言

敬业尽责是中华民族几千年来形成的传统美德。

敬业就是对所从事的事业敬重热爱、忠心耿耿、全心全意；尽责就是为了事业不辞劳苦、不怕艰辛、勇于拼搏、勇于创新，甚至为之献身的一种精神。

在历史上，出现了许许多多敬业尽责的人和事，像“鞠躬尽瘁的诸葛亮”、“出使西域的张骞”等等，都给我们留下了深刻的印象，他们的那种忘我的敬业精神，值得我们现代人去好好学习。

敬业尽责，不仅是我们中华民族的精神，也是我们每个中国人应该具备的精神品质。敬业，其实就是对生活的一种态度；尽责，是对热爱生活程度的进一步诠释。我们

有理由相信，一个热爱生活的人，也一定会热爱自己的事业；一个对自己所从事的工作认真负责的人，也一定是一个甘于奉献的人。

中华民族传统美德的继承和发扬，重在创新，只有在继承中不断创新，才能使传统美德富有旺盛的生命力，也将为世世代代流传下去奠定可靠的基础。

目 录

“一张嘴可罢兵”的陆贾

陆贾不但是秦汉时期的政论家，还是“一张嘴可罢兵”的外交家。

陆贾随刘邦平定天下，有辩士之称。他两次出使南越，充分展示了他的外交才能。

汉朝建立之初，汉高祖刘邦考虑到天下初定，亟须休养生息，不愿意对南越用兵。于是派陆贾出使南越，封赵佗为南越王，并赐予印绶。

陆贾到南越，赵佗十分傲慢，陆贾乃义正词严地说：“足下中国人，亲戚昆弟坟墓在真定。今足下反天性，弃冠带，欲以区区之越与天子抗衡为敌国，祸且及身矣。夫秦失其正，诸侯豪杰并起，唯汉王先入关，据咸阳。项籍背约，自立为西楚霸王，诸侯皆属，可谓至强矣。然汉王起巴蜀，鞭笞天下，劫诸侯，遂诛项羽。五年之间，海内平定，此非人力，天之所建也。天子闻君王王南越，而不助天下诛暴逆，将相欲移兵而诛王，天子怜百姓新劳苦，且休之，遣臣授君王印，剖符通使。君王宜郊迎，北面称臣，乃欲以新造未集之越屈强于此。汉诚闻之，掘烧君王先人冢墓，夷种宗族，使一偏将将十万众临越，即越杀王降汉，如反覆手耳。”

陆贾的一番话，似乎应该给人们这样一些印象：

一是站得高，对有关南越国将要发生的事变，以及由此将要产生的影响，看得清楚，分析得透彻。

二是有理有据，用事实说话。例如，南越王本来就是中国人，祖上的坟在真定，这是最有说服力的证明。还有南越要与汉朝为敌，肯定没有好结果。你知道，汉朝究竟是怎么来的吗？不管你知道还是不知道，我都要告诉你。跟你说这些，不光是向你讲述历史，更要紧的是让你知道，反叛朝廷，是不可能有好下场的。

三是讲述这次来的使命。陆贾带来了朝廷交给我的任务，肩负着皇帝赋予的使命，一个是平息将要发生的事变，皇上体恤的是广大的老百姓的疾苦与生命；另一个是带来了皇上授你为王的印绶。

四是讲明，赵佗应该接受皇帝的任命，对朝廷俯首称臣。如果你不这么做，朝廷只需要派个偏将带领十万人马，打败南越，也就是反手的工夫。

赵佗听了陆贾的这番话，险些跌倒，踉跄地从座位上站起来，可见他此时心里十分紧张，他向陆贾道歉：“居蛮夷中久，殊失礼义。”能够原谅自己先前的过失，希望陆贾多住些日子。陆贾于是拜赵佗为南越王，令其称臣奉约。回来归报，汉高祖十分高兴，拜陆贾为太中大夫。陆贾被提拔升了官，自然是得意于他的能说会道。

刘邦死后，吕后称制，命有司禁止关市向南越出售铁器和牲畜，赵佗以此极为不满，自尊为南武帝，发兵扰边，并以兵威财物役属闽粤、西瓯、骆，势力及于东西万余里，又乘黄屋左纛，称制，与汉朝皇帝分庭抗礼。

汉文帝即位后，立即着手调整与南越的关系。他命令有关部门为赵佗在真定的祖先冢墓设置守邑，又派陆贾再次出使南越。文帝在给赵佗的玺书中说：

两帝并立，亡一乘之使以通其道，是争也，争而不让，仁者不为也。愿与王分弃前患，终今以来，通使如故。故使贾驰谕告王朕意，王亦受之，毋为寇灾矣。

文帝玺书言词恳切，随信又赐予上褚五十衣，中褚三十衣，下褚二十衣。赵佗十分感动，立即向陆贾请罪，表示“愿奉明诏，长为藩臣，奉贡职”。他在给文帝的奏书中说：

“老夫身定百邑之地，东西南北数千里，带甲百万有余，然北面而臣事汉，何也？不敢背先人之故。老夫处粤四十九年，于今抱孙焉。然夙兴夜寐，寝不安席，食不甘味，目不视靡曼之色，耳不听钟鼓之音者，以不得事汉也。今陛下幸哀怜，复故号，通使汉如故，老夫死骨不

腐，改号不敢为帝矣。”

随书信又请陆贾献上白璧一双，翠鸟千，犀角十，紫贝五百，桂蠹一器，生翠四十双，孔雀二双。

陆贾回来交差，说自己的使命是如何完成的，文帝听了陆贾的汇报，十分欣喜。

从此，文、景两代，南越一直奉贡称臣，遣使入朝。这自然是朝廷对待南越政策的英明，其中仍有使者陆贾的功劳。

看起来，二次出使南越，陆贾并没有像头一次那样，与赵佗多费唇舌。比较而言，还是前次，充分展示了陆贾的思维与过人的辩才。

当然，“一张嘴可罢兵”的故事，对一般人而言，会说话，能够与人很好的交流。作为从事外交工作的人来讲，凭借“三存不烂之舌”，也能够解决很多棘手的问题。

陆贾的能言善辩，为国家的稳定起到了积极的作用，他的敬业精神，值得后人学习。

丝绸之路的奠基人张骞

张骞，汉朝汉中成固（今陕西城固）人。

张骞是中国古代著名的外交家。他不畏艰险，两度出使西域，为“丝绸之路”奠基，以此名垂中外史册。

张骞出使西域，和秦汉之际中原王朝与匈奴关系的演变有着直接的关系。

秦汉时代，匈奴首领冒顿单于的手伸得很长，他动用三十万精锐骑兵，东边打败了东胡，北边征服了丁零，西边驱逐了大月氏。这样一来，匈奴统治的地盘越来越大，东起到朝鲜边界，横跨蒙古高原，与氐、羌相接，南边则延伸到河套以至今山西和陕西的北部。

西汉初年，汉朝与匈奴之间，基本上维持着一种“和亲”关系。尽管汉朝皇帝将公主嫁给匈奴单于，馈赠匈奴厚礼，通关市，一再忍让，可还是不能避免匈奴铁骑的侵扰与践踏。

到了汉武帝时期，国力增强，汉朝决心改变这种被动局面。汉武帝听说，后定居在西域的大月氏有报复匈奴的想法。根据这个线索，他选择合适的人出使大月氏，准备采取联合大月氏夹攻匈奴的方略。

也就是在这个时候，张骞“应募”出使西域。

当时的西域，是从五门关和阳关以西起（今新疆）到更远的地区。在天山以南、塔里木盆地南北边缘的绿洲上，分布着一些小国。除此之外，其他地方几乎是人烟稀少的荒漠。匈奴征服了其中的一些国家，设置了机构和派了官员管理被占领的西域各国，根本目的是掠取这些地方的财富。

有道是“西出阳关无故人”，不仅是指通往西域的道路上举目无亲，更重要的是要面对恶劣的自然条件和匈奴的威胁。可是，张骞领了皇命之后，全然不顾前面的艰难险阻，他唯一的念头是，不辱使命，完成出使西域的任务，为彻底改变国家被匈奴侵略，以实现国家的安宁。

建元二年，张骞率领一百多人出陇西向西域进发。

在西行途中，张骞先被匈奴骑兵俘获，拘留匈奴十年，但他秉持汉节不失。后来总算逃脱，与堂邑氏奴甘父又继续西行，至大宛，经康居抵达大月氏。

当时，大月氏已定居在妫水，又统领大夏，安居乐业，不愿东返故土，也无意报复匈奴。张骞在大夏留居一年多，后来返国。

在回国的过程中，张骞为了避免再次遭到匈奴骑兵的侦缉，改变了行进的路线，从南道傍南山而行。但到底还是被匈奴捕获，又被扣留了一年多。

元朔三年，匈奴内乱，张骞乘机逃回汉朝。

风尘仆仆远道归来的张骞，向汉武帝详细报告了西域的情况。汉武帝对张骞的赏赐是，委任他为太中大夫。

那么，这个太中大夫的官职，究竟有多大？它的品级会有多高，这些，在《汉书》中可以找到。汉武帝太初元年，太中大夫的品级是三品，一般为皇帝亲近的大臣，权位显贵。

张骞出使西域，历经磨难，九死一生，总算活着回来了，得了个太中大夫的官职，上朝就在皇帝跟前晃荡，也算没白受罪。

元朔六年，张骞随大将军卫青出征匈奴，击破匈奴，取得河西地带。从此，盐泽以东空无匈奴，汉与西域之间的道路终于打通了。

元狩四年，张骞再度出使西域，终于取得了实质性进展。他这次的任务是招引乌孙（在今伊犁河流域），加强与西域各国的联系。张骞率将士三百人，每人备马两匹，牛羊以万数，金币丝帛巨万。张骞到乌孙后，未达到预定目的，于元鼎二年偕同乌孙使者数十人返抵长安。随后，被张骞派到大宛、康居、大夏等国的副使，陆续来到长安。此后，汉朝与西域各国的交往日益频繁，乌孙后来终于与汉通婚，共同击破匈奴。

从此以后，汉王朝派到西域去的使臣，每年多的十几批，少的五六批，每批少则百余人，多则几百人。有的使者以所携官物为私产，到西域牟利，因此使者队伍实质上就是商队。

张骞前后两次出使匈奴，费时十五六年，行程数万里，足迹远至今中亚地区。张骞是汉朝沟通西域“丝绸之路”的奠基人。因张骞在西域享有很高的威望，后来汉朝所遣使者，多打着张骞的旗号，以取信诸国。

张骞出使西域的报告备载于《史记》、《汉书》中，成为今天研究中亚史的原始资料，具有重要的学术价值。

卫青不败由“天幸”

“卫青不败由天幸，李广无功缘数奇”，这是王维的诗句，诗中渗透出诗人对李广遭遇的同情，同时对卫青的卓越战功和历史地位缺乏客观的评价。卫青是汉武帝时期重要的军事将领，在反击匈奴战争中起到了关键性的作用。卫青与李广的功绩不能同日而语。

卫青，字仲卿，西汉河东郡平阳（今山西临汾西南）人。卫青是汉武帝时期的著名将领，抗击匈奴的英雄人物。

汉武帝登基以后，改变了汉高祖长期以来对待匈奴的消极防御政策，采取主动出击，进行了战略性的调整。汉武帝需要一批能征善战的将领，为抗击匈奴作好必要的准备，但由于长期以来对匈奴的政策，汉朝的将领当中，基本上找不到这样的将才，可谓是“无米下锅”了。像李广这样的将领，很难担起统帅军队反击匈奴的重任，因为他已经不再适应调整后的作战思维了。

汉武帝认为，“有非常之功，必有非常之人”，提倡与鼓励重用年轻将领，使这些年轻的将领能够很快地适应新形势下的战争，使汉朝能够扭转形势，改变长期以来对匈奴的被动局面。卫青的脱颖而出，不仅是他作战勇猛，更重要的是他遇到了像汉武帝这样的皇帝，使得他有一个自由的发展空间。汉武帝大胆重用年轻将领的做法，收到了很好的成效。卫青七次率领骑兵主动出击袭扰匈奴，就是很好的证明。卫青在七次战斗中，先后俘获敌人五千多人，沉重地打击了匈奴的嚣张气焰，为稳定汉朝的边境打下了良好的基础，同时也为维护国家的长期稳定和长远利

益做出了贡献。

卫青凭借自己的显赫战功，成为了反击匈奴侵扰的最高军事将领，他优秀的品德，使得他没有因为战功卓著而轻狂自大；他“为人仁善退让”，真正做到了“奉法遵职”。卫青在执法问题上不会轻易做出决断，对待问题十分的慎重。

元朔六年，卫青率领众将出兵反击匈奴。苏建、赵信所部恰与单于主力相遇，赵信率八百骑兵投降单于，苏建只身逃回汉营。

卫青询问长史安等人：“苏建大败而归，该如何处理?”

议郎周霸回答说：“今建弃军，可斩，以明将军之威。”闳和安两人则持不同意见。

他们指出：“今建以数千当单于数万，力战一日余，士尽，不敢有二心，自归。自归而斩之，是示后无反意也。不当斩。”

卫青听了双方的辩论后，明确表示自己身份特殊，深受武帝本人的信任，不必担心在军中没有威信，指出周霸提出的用斩苏建树立大将军威信的建议不可取。同时卫青还进一步申明自己执军法不敢自专的态度："且使臣职虽当斩将，以臣之尊宠而不敢自擅专诛于境外，而具归天子，天子自裁之，于是以见为人臣不敢专权，不亦可乎。"毕恭毕敬俯仰皇帝的权威，以明自己恭谦顺从天子的心迹。他手下的军官自然也不糊涂，便一致表示赞同。卫青于是"遂囚建诣行在所"，让武帝本人去发落。

卫青执军法不会轻易做出决断，可以看出他从不乱施刑法，谨慎从事的治军作风，受到人们的赞扬与肯定也是很正常的。但是如果从更深层去考虑，它也体现了古代治军特点的历史性变化。

先秦时期，无论是兵书所提倡的理论，还是实际生活中所反映的实践，统军大将都拥有处理违法部下的大权。孙子就明确主张"君命有所不受"。《六韬》也提倡"军中之事，不闻君命，皆由将出"。正是在这样的理论指导下，才有了孙子吴宫教战斩美姬，司马穰苴辕门立表诛庄贾一类事情的发生。到了汉武帝时期，随着封建专制的进一步强化，《公羊传》"君亲无将，将而必诛"观念的确立，"将在外，君命有所不受"的传统遂受到极大的冲击。这正是卫青等人恭行"人臣奉法遵职"准则。

马革裹尸还的马援

“马革裹尸”应该是一个真正军人所追求的理想归宿，也是对一个品格高尚的军人最高的褒奖。

“马革裹尸”的典故，出自东汉初年的名将马援。

马援，字文渊，扶风茂陵（今陕西兴平东北）人，出身官宦世家。他曾经担任过郡督邮、新成大尹。后来因受隗嚣敬重，任绥德将军。

隗嚣公开反叛东汉王朝后，马援为光武帝谋划，并往来游说、离间隗嚣部属。

建武八年，光武帝亲征，马援用米堆成山谷形状，分析形势，使刘秀得以顺利击平隗嚣。建武十一年，马援任陇西太守，率军先后平定先零、武都参狼诸羌，于是陇右清静。因他作战有功，被任虎贲中郎将。

建武十七年，马援奉命征讨叛军，并被任命为伏波将军，领兵南下。马援军所过之处，经常为郡县修治城郭，穿渠灌溉以利百姓，并与越人申明旧制。从此以后，骆越一直按照马援的要求行事。

马援班师回洛阳后，被封为新息侯，食邑三千户。亲朋故旧都纷纷前来，向他表示祝贺。对人们的赞美，马援不以为然。他对平陵人孟冀说："西汉武帝时，伏波将军路博德开置七郡，才封数百户；今天我的功劳微薄，却封赏大县，'功薄赏厚'，这怎么能长久呢？"同时他还表示："男儿要当死于边野，以马革裹尸还葬耳，何能卧床

上在儿女手中邪？”

马援对朝廷的封赏和人们的赞誉，不仅没有飘飘然，反而头脑异常冷静，对比当年路博德将军的功劳，再看看自己如今所做的事情，使他感受到：一个真正的军人，想有立足之地，唯一的出路，就是要不断地出征，不断地取得战功，绝不能因一时之胜，一点儿功劳而沾沾自喜，甚或居功自傲。在他看军人只有战死沙场，马革裹尸才是最终的归宿，而躺在昔日的功劳簿上，守在家里论儿女情长，那不是他该做的事情，也不是军人应该走的正路。

不久，匈奴、乌桓侵扰扶风，马援再次请兵出征，并亲自率领三千骑兵出高柳，过雁门、代郡、上谷，一路威风，乌桓见汉军即将杀来，不战四散。

建武二十四年，马援已经 62 岁了，又请兵出征武陵五溪蛮夷。

光武帝对马援说：你已经年纪大了，不宜再率军出征了，行军打仗，鞍马劳顿，你的身体会吃不消的，还是让年轻人去吧。

听了光武帝的话，马援更加坚定了请战的信念。他对光武帝说：我尚能披甲上阵，辛劳毕竟是小事。

听了马援的话，光武帝决定让他骑马试试。马援扳鞍认镫，飞身上马，动作比年轻人还要矫健利索。

光武帝见此情形，心中大喜，笑着对他说："老将军不减当年啊！"也就是这句话，吹响了马援再次出征的号角。

出征前，马援与友人告别时，对友人说："我已经得到很优厚的待遇了，自己的年纪，的确是越来越大了。我唯恐不能为国捐躯，战死沙场，今天我终于有机会实现这个愿望了，即便是死，也可以瞑目了。"马援的这番话里，带着一丝悲凉，但更多的透出了英雄的无畏。

这次出师，遭逢酷暑，士卒多患疫病而死。马援也因病不治，死于军中，实现了"马革裹尸还"的宿愿。

“粪土”害死了李固

李固，字子坚，汉朝汉中南郑（今陕西汉中）人，自幼好学，常千里跋涉。步行寻师，以此通晓典籍，深得四方士人敬重。顺帝阳嘉二年，公卿推举李固。

梁冀以大将军职务，一手专权，“挟天子以令诸侯”，他执政的二十余年间，政事无论大小，均由其决断，天子形同傀儡，百官迁任先要向他晋见谢恩。

梁冀的专权自恣，使朝政日趋腐败，对比较正直的官僚士大夫，梁冀多方罗织罪名，极力排除异己。位居三公的胡广、赵戒俯首听命，唯有李固以国事为重，与梁冀斗争。

针对梁冀的行为，李固在他的对策中指出：天子的后妃嫡亲中之所以缺少好人，难道是天性的原因？若论地位是显贵，专门把持权力，做尽了坏事，却不知道这样做不但对自己没有任何好处，是在自我毁灭。原来的皇帝对阎氏宠幸，给她的好处太多也太快了，所以由此受其祸害，这是无法改变的事实。

为此，李固要求“权去外戚，政归国家”。令步兵校尉梁冀及诸侍中还居黄门之官。

李固的大胆直言，使朝廷一时为之肃然。尽管梁氏及宦官却听而不闻，视而不见，装聋作哑，就当没那么回事。

永和年间，李固任荆州刺史，又到泰山担任太守，连累了大司农等人。汉安元年，顺帝遣侍中杜乔、周举等八使案察天下，因所劾奏多为梁冀和专权宦官的亲信私党，顺帝所以下令停止追究。李固与廷尉吴雄上疏谏诤，顺帝只得下令罢免所检举的刺史。

顺帝死后，换了冲即位当皇上，李固被任命为太尉，与梁冀参录尚书事。皇帝在位不到半年就夭亡了。李固主张立年长的清河王刘蒜为帝，梁冀为了继续把持朝政，坚持立年仅8岁的乐安王刘缵为帝。

当时，李固得到太后的信任，“斥遣黄门宦官，朝野咸望太平”，以此引起梁冀的猜忌。不久，刘缵被梁冀毒杀，李固与司徒胡广、司空赵戒再次议立刘蒜。李固在给梁冀的信中恳切地说：“悠悠万事，唯此为大。国之兴衰，在此一举。”梁冀与宦官串通一气，密谋立蠡吾侯刘志为帝，公卿自胡广、赵戒以下都不敢违抗，只有李固坚持本议，李固的官就这样被梁冀免了。

刘志立为桓帝后，刘文等人谋立刘蒜为天子，梁冀因此诬陷李固与刘文等人“共为妖言”，逮捕下狱。李固门生上书为其申冤，得到梁太后的原谅。梁冀畏惧李固声望，将其杀害。李固临死前，给胡广和赵戒写了一封信，信中表明了自己“志欲扶持王室”的心迹。

李固在信中说道：我受国家的恩厚，所以竭尽全力报效国家，把死亡置之度外，我的志向，就是为了扶持朝廷。梁冀迷惑与荒谬的论调，使你们屈从，凶吉都已任颠倒，还会成事？汉朝的下坡路，就要开始了。你们受皇上的恩惠，眼看着朝廷被颠覆，而不去扶助，像这样的事情，后世历史的评价，不可能有什么私弊。

后来，范晔撰《后汉书》论述李固的事迹时，高度评价了他“定去就之梁，正天下之风”的品格。范晔说：“李固据位持重，以争大义，确乎而不可夺。岂不知守节之触祸，耻夫覆折之伤任也。观其发正辞，及所遗梁冀书，虽机失谋乖，犹恋恋而不能已。至矣哉，社稷之心乎！其顾视胡广、赵戒，犹粪土也。”

李固所谓“后之良史，岂有所私”的说法，以为历史应该相信，不可能有一点私弊。李固这样的说法，可以信实。范晔对李固的评价，是李固这一说法的最好注脚！不过，话说到底，李固毕竟是被“粪土”害死的。

鞠躬尽瘁的诸葛亮

诸葛亮，字孔明，原本是瑯琊（山东临沂北）人，父亲早亡，跟随叔父诸葛玄到豫章为官。后流寓于襄阳，躬耕于隆中。刘备因徐庶的推荐，曾三次到隆中草庐拜访诸葛亮。诸葛亮在第三次才见刘备，并回答了刘备提出的如何兴复汉室和争霸天下的问题。人们称这一答辞为《隆中对》。

东汉末年，群雄割据，逐鹿中原。在各派政治力量中，刘备是最弱小的，他没有自己的地盘，辗转投靠公孙瓒、陶谦和曹操；又因为他与董承等人谋杀曹操事情不胫而走，在中原无法立足，只好南下投奔刘表。刘表命刘备屯于新野。在这里，刘备结识了诸葛亮。从此，他的政治生涯出现了根本转机。

诸葛亮在《隆中对》中，精辟地分析了当时的形势；曹操占有中原，孙权占有江东，势力稳定，已不可争夺，在这种情况下。只有谋取荆、益两州，争取三方鼎立，共分天下；然后联络孙权，搞好与西南少数民族的关系，整顿内部，增强实力，待天下有变，即兵分两路进取中原，兴复汉室。刘备听了这番分析和谋划，十分赞赏，从此对诸葛亮言听计从。他的兄弟关羽和张飞对此十分不满，刘备解释说，我能得到诸葛亮，就好比鱼在水中一样。后来，刘备联合孙权，在赤壁之战中打败了实力强大的曹操；公元 214 年，刘备又进取益州，与曹操、孙权形成三足鼎立之势。事态的发展，完全印证了诸葛亮的分析和预见。

刘备既得益州的第二年，孙权向刘备索取荆州，由此双方交恶。之后，荆州归吴，曹、孙暂时联合，刘备的发展受到抑制。刘备称帝后不久，蜀汉与孙吴间爆发了夷陵之战。如果说，大意失荆州是刘备集团的一大损失，那么夷陵之败更是蜀汉的一大挫折。两次失败的根本原因，都在于违背了《隆中对》所提出的策略，破坏了孙刘联盟。

夷陵之战后，刘备败归白帝城，于公元 223 年病死，丞相诸葛亮受遗命辅佐后主刘禅。

刘禅即位后，诸葛亮以丞相兼益州牧，“政事无巨细，咸决于亮。”直到诸葛亮病死于五丈原，为蜀汉政权呕心沥血，做了许多工作。正如诸葛亮自己所说：“臣鞠躬尽力，死而后已，至于成败利钝，非臣之所能逆覩也”。

诸葛亮首先致力于蜀吴的修好，派尚书邓芝出使吴国，恢复两国联盟关系。蜀汉免除了后顾之忧。其次是稳定和发展经济。刘备在世时，诸葛亮镇守成都，经常做到“足食足兵”；后主初立，加之夷陵新败，诸葛亮更是“务农殖谷，闭关息民”。由于措置得宜，蜀汉经济得到进一步发展。

在稳定内部后，诸葛亮做了两件大事，即征服南中和出兵伐魏。刘备在世时，曾用邓方和李恢先后为庲降都

督，统治南中的“西南夷”。刘禅新立，南中牂柯郡太守朱褒，益州郡大姓雍闿，越隽郡夷族首领高定元同时俱反。

南中是蜀汉的后院，后院起火，不但会牵制诸葛亮北伐，而且会直接影响蜀汉的稳定。诸葛亮曾说：“臣受命之日，寝不安席，食不甘味，思惟北征，宜先入南，故五月渡泸，并日而食。”

南征的目的是为了稳住后方，所以诸葛亮主要采取攻心战术，对反叛的主要首领孟获“七纵七擒”，终于使其心服。

南中平定后，诸葛亮任用当地人和少数部族首领为官吏治理地方，不留兵，不运粮，继续执行“夷汉粗安”的攻心战术。

清人赵藩在成都诸葛武侯祠所题的一副对联说：“能攻心则反侧自消，从古知兵非好战，不审势则宽严皆误，后来治蜀要深省”。

攻心战术和执法严明，是诸葛亮治蜀的成功之处。

安定南方后，诸葛亮就专意于北方，挥兵秦中。

从建兴五年起到建兴十二年，在诸葛亮生命的最后八

年中，他曾六次率师北伐曹魏。从曹魏和蜀汉双方的力量对比可以看出，蜀汉的实力远不如魏。诸葛亮之所以知其不可为而为之，既是以兴复汉室相号召，维持蜀汉的生存，也是为了“报先帝，而忠陛下之职分也”。

尽管出师北伐没有能取得成功，但是在诸葛亮的悉心治理下，经济得到了迅速的发展。修明法令，平定南中推行了一系列的惠民政策，也使僻居益州一隅的蜀汉支撑了将近半个世纪。所以陈寿在概述诸葛亮一生业绩时曾这样说：“备称尊号，拜亮为丞相、录尚书事。及备殂没，嗣子幼弱，事无巨细，亮皆专之。于是外连东吴，内平南越，立法施度，整理戎旅，工械技巧，物究其极，科教严明，赏罚必信，无恶不惩，无善不显。至于吏不容奸，人怀自厉，道不拾遗，强不侵弱，风化肃然也。”

陈寿对诸葛亮的评价很具体，而要概括诸葛亮的功绩，要先承认他的智慧、谋略与政治军事才能。还应该充分肯定他对刘备的忠诚与敬业精神。人们在领略诸葛亮精神境界的同时，也会得到许多有益的启示。

邓艾为将身先士卒

在三国时期的邓艾将军身上，以身作则，为人表率，得到了集中体现。

邓艾，原名范，字士则；后改为士载，义阳棘阳（今河南新野东北）人。

邓艾是三国时期魏国著名的军事将领，追随当时魏国实权派司马氏集团，南征北战，曾积极参与了平定文钦等人叛乱的斗争，长期与姜维相拒于陇右，运奇计偷渡阴平灭亡蜀汉，屡建功勋，名垂史册。

邓艾出身贫寒，曾担任过很长一段时间的普通官吏，这对他了解士卒的疾苦，提供了有利的条件。当然，这也是为他后来作为高级将领，却能够身先士卒的重要原因。

邓艾非常重视将帅的表率作用。在与姜维相拒陇右之时，他为了筹集军资，保障供给，曾在陇右地区组织兵士屯田耕种。他处处身先士卒，与将士们一道备战，“身披乌衣，手执耒耜，以率将士”。在他的感召下，魏军官兵无不尽心竭力，广植禾稼，充实军粮，为挫败蜀军主帅姜维的北进企图打下了基础。

在出奇策偷渡阴平，攻敌不备，一举灭蜀的作战中，邓艾身上那种以身作则的优良品质，更得到了集中的反映。

魏元帝景元四年正月，曹魏方面发动了对蜀汉的最后攻势。邓艾统率三千余人投入了战斗。当时蜀军主帅姜维率军从沓中退守险隘要地剑阁，利用易守难攻的有利地形，抑制住了魏军的凌厉攻势。

在久攻剑阁不克，军食匮乏的情况下，魏军准备罢战撤军。但邓艾却坚决反对这样做。邓艾明确指出，蜀军已为强弩之末，应该予以穷追猛打：“今贼摧折，宜速乘之。”

邓艾根据地形条件、蜀军布防虚实等实际情况，运用兵法“攻其无备，出其不意”的基本原则，提出了“奇兵冲其腹心”的作战方针。这一大胆建议得到了司马昭的支持，并责成邓艾具体实施。

邓艾率领精兵万人，领兵出发。部队经过马阁山时，这里山高谷深，荒无人烟，部队军粮也吃完了。给养不能及时补充，部队的处境十分危险。这时，邓艾身先士卒，率领将士“凿山通道，造作桥阁”，遇上荆棘丛生，野藤缠绕这样无法通行的地方，则“以毡自裹，推转而下”。他手下的将士也都尽心尽力“攀木缘崖，鱼贯而进”。终于越过七百里地崎岖的山道，神不知鬼不觉地给了蜀军一个猝不及防。随后，邓艾挥师长驱直入，在绵竹大破蜀汉军队。接着，迫使后主刘禅献城投降，至此，立国四十三年的蜀汉终于寿终正寝了。

邓艾出奇制胜平定蜀汉之举，堪称古代战史上杰出的奇袭范例，得到朝廷的极高评价。这一战役的胜利，除了邓艾用兵巧妙、算计高明外，他本人在进军过程中做到身先士卒、以身作则也是十分重要的因素。可以想象，假如邓艾在马阁山崎岖险阻面前畏缩动摇，不能带领士卒奋勇前进，那么，这场战争可能就是另外一种结局了。当然，战争究竟是谁胜谁负，还真的难以预料。由此可见，邓艾的取胜，并不是什么“侥幸”所能解释的。

从政如流的刘穆之

刘穆之，字道和，是辅佐刘裕创建南朝刘宋政权的主要助手，处理政务以决断如流著称于史。

东晋末，北府军将领刘裕起兵反对篡夺政权的桓玄，刘穆之受任为主簿。刘穆之被刘裕重用以后，刘裕有什么不懂的问题，都是要咨询刘穆之的。刘穆之扶持刘裕，也是竭尽全力，并很忠诚，没有什么隐讳的。当然不是无所顾忌，而是从大局出发，全心全意辅佐刘裕。

刘裕攻占京都后，主要的施政措施都出自刘穆之的建议。

东晋后期，存在着法纪松弛，政令不行，士族豪门倚仗权势，随意侵夺，庶民百姓屡遭欺凌，无法生存等严重的政治问题，老百姓处于水深火热、无法生存的状态，东晋政权无法改变这样的现状，但在刘穆之的手上，先是“随方矫正”，结果不满十天，风气顿时有了改变。由此可见，刘穆之不但办事讲求的是效率，而更重要的是，他在从政方面，的确是很有办法的。

刘裕出征南燕及回军抵御卢循时，刘穆之随军征讨，“常居幕中画策，决断众事”，深得刘裕信任。

义熙八年，刘穆之升任京都最高行政长官丹阳尹。以后刘裕外出征讨时，就将留守京都的重任交付给刘穆之。

义熙十二年，刘裕北伐后秦，刘穆之以尚书左仆射、丹阳尹留守的职务主持朝政，统留守诸军，掌选举事务，并负责大军的后勤供应。诸项事务千头万绪，但他精力过人，应付自如。史称：

“穆之内总朝政，外供军旅，决断如流，事无拥滞。”这里，有一个关键词，就是“决断如流”。处理问题，砍快，麻利；作决策，有的是当机立断，没有半点的拖泥带水。似乎也就是这样一些情形，形成了“决断如流”吧。

“宾客幅凑，求诉百砾内外谘禀，盈阶满室”，来访的客人，奏报的折子，请求解决问题办事情的，内外咨询问题禀报事情的，人多到什么程度呢？屋子里盛不下，进不来门的，没别的办法，只好在外边的台阶上等候了。

“目览辞讼，口答手书，耳行听受，口并酬应，不相参陟，皆悉赡举。”能以眼、耳、口、手娴熟地处理政务，且互不相扰，确堪称一绝，难怪他能“事无拥滞”。

以上的文字虽然不多，但从刘穆之处理军国大事的事无巨细的场面上，到他的精神风貌上，能够看出他的聪明、智慧；也能看出他办事的干练，处理问题的果断。同时，在这样纷繁复杂的事务工作面前，他能充分运用自己的眼睛、耳朵、嘴和手等器官、肢体，全都用来办事情处理问题。就凭这一点，他是一个超常的人。

义熙十三年十一月，刘穆之积劳成疾而逝世，时年58岁。当时刘裕已攻破后秦，在长安（今陕西西安）听到消息后，“哭之甚恸，曰：‘丧我贤友。’”

由于刘穆之一死，没有亲信重臣留守京都，“大事昔所决于穆之者，皆悉以谘”。刘裕只好改变“顿驾关中，经略赵、魏”的战略部署，留下兵马镇守关中，自己退回彭城（今江苏徐州），以就近控制朝政。这最终导致了关

中的得而复失。

刘裕在取代东晋，建立起宋王朝后，经常叹惜刘穆之早逝，说："穆之不死，当助我理天下，可谓'人之云亡，邦国殄瘁。'"这正是对刘穆之一生勤于政务的最好总结。不能不承认，刘穆之是个超常的理政人才，似乎也就是因为超常的原因，工作压力过大，积劳成疾，壮年早逝。

李勣躬事两朝

李勣，原名徐世勣。因避讳，去掉了“世”字，改单名勣；归顺了唐以后，因为他的出色表现，唐高祖对他极为器重，赏识有加，赐帝姓“李”。

李勣出身于草莽，起先是聚众为盗，后来跟随李密，献奇计大破王世充。

隋朝末年正处于乱世，河南、山东大水成灾，很多人饿死街头，李勣向李密献策：“如今天下大乱，都是因为饥荒引起的。倘若夺了黎阳的粮仓，有所的问题也都解决了。”李密采纳他的建议，派他率领五千人马夺取了黎阳仓。他又以开仓解救饥民为名，开始大举招兵买马，没过

多久饥饿的百姓蜂拥而至，人数多达二十万。

李密被王世充击败，投靠唐高祖的那一年正是唐武德二年。李勣认为：主公李密投靠大唐，自己直接把地盘献给高祖，恐怕会有人说乘主之危邀功请赏，后来他编出了一份州县、军人、户口的名册，呈给李密，让李密自献以立功。唐高祖得知他的想法，认为他这样做是出于对旧主报恩，是不可多得的“忠臣”，便任命他为黎阳总管后，封为曹国公，赐姓李氏，赏良田。

后来，李勣先后追随李世民平窦建德，降王世充，破刘黑闼，擒徐圆朗，斩辅公祏，立下了累累战功。

贞观三年，李勣与李靖军协同作战，大破突厥颉利可汗，俘获五万余人。他在并州任职长达十六年，令行禁止，朝野上下对他称赞有加。唐太宗也对群臣说：“隋炀帝不会任用贤臣，更不会选择良将镇守边关，他只知道修筑长城来抵御突厥人的进攻，简直笨到了极点。现在朕任命李勣并州主管，使突厥望风而逃，塞上边疆平安无事，要长城还有何用?”

贞观十五年，李勣在大破薛延陀之后，却突然身染重病，医官综合了李勣的症状后开出了一个药方，对李勣身边的人说要以胡须灰治疗。前来探视的唐太宗二话没说，马上剪下自己的胡须，让医官拿去给李勣医治。卧病在床的李勣没想到会受到如此的礼遇，强忍着爬起身来给唐太宗磕头致谢，磕得头上鲜血直流。

按传统的孝道观，身体发肤受之父母，不能轻易损伤，更何况是天子却为臣子割须疗疾更是未曾有过，所以李勣才受宠若惊。唐太宗见状心喜，却轻描淡写地说："朕是为了国家的安危社稷，爱卿大可不必记挂在心，更不该如此啊！"病愈后的李勣，越发卖命效力唐太宗，唯恐辜负了圣恩。

贞观十七年，唐太宗委任李勣为太子詹事兼左卫率，托他辅佐皇太子，也就是后来的唐高宗。

一次，唐太宗设宴款待李勣，对他说："朕考虑了很久，觉得朕的皇子只有托付给一个人，也只有这个人才能担此重任，而这个人只有你，谁也替代不了。你当年对李密尚能如此，想来也绝对不会辜负朕吧！"李勣感动得老泪横流，把手指都咬出了血。过了一会儿，他喝得沉醉不醒。唐太宗脱下衣服给他盖上，怕他身受风寒。

贞观二十三年，唐太宗病重，弥留之际他对儿子唐高宗语重心长地说："你对李勣没有恩德，我现在就把他贬出京师，等我死后，你就召他回京，委任他仆射这一要职。这样，他便会感恩于你，报答你的知遇之恩，一定会忠心对你。"说完，下令让李勣任叠州都督。

唐高宗即位后按照父亲的主意行事，使李勣鞠躬尽瘁、不遗余力为他效了十八年力。

房玄龄任公竭节

房玄龄，字乔，齐州临淄（今山东淄博市临淄区）人。隋文帝晚年，他跟随父亲来到京城。那时他还未满18岁，当时，天下无事，都以为隋朝可以长久，房玄龄悄悄对父亲说：隋帝本来没有功德，却欺骗蒙蔽普通的老百姓。没有长远的打算，导致亲疏不分，相互争权夺利，问题成堆，崇尚淫乱与追求奢华。最终肯定形成由内乱导致的相互残杀而不得安宁。这样一来，国家的安全，根本无法保证。现在虽然太平，但它的灭亡，我们可以看到。

房玄龄上边的一段话，很多人听了都会认为是耸人听闻。一个年仅18岁乳臭未干的毛头小子，能说出这样的话，足见房玄龄见识非凡。

当李渊高举反隋义旗入关后，李世民来到渭北，房玄龄立即投奔其麾下。唐太宗一见，便如旧识，给了他个参军的官，让他掌管军事。从此，房玄龄开始了他的辅政生涯。

在反隋和后来进行统一的征战中，每攻克一地，众人竞相争求金银财宝，唯独房玄龄先搜罗人才，推荐给李世民为幕僚。遇到谋臣猛将，则“与之潜相申结，各尽其死力”。贞观十七年凌烟阁二十四个功臣中，杜如晦、张亮都是经房玄龄的推荐，才成为秦王府的谋臣战将。由于秦王府中的人才很多，常常被唐高祖调为外任。

房玄龄在秦王府工作十多年，专典文翰。每有军书表奏，驻马立成，文简理详，并无草稿。唐高祖经常对臣子夸奖房玄龄：“这个人深识机宜，足可委以重任。他反映的问题，都是我心里想的。即便是在千里之外，想法也是一致的。”

唐太宗登基后，以房玄龄为中书令，佐天子而执大政，总管军国政令，为宰相。论功行赏，太宗以房玄龄、长孙无忌、杜如晦、尉迟敬德、侯君集五人为第一。太宗从父、淮南王李神通认为房玄龄乃“笔之吏”，表示不服，将军丘师利等也自矜其功。

唐太宗则肯定“玄龄等有筹谋帷幄、定社稷之功”，李神通等皆理屈心服，房玄龄却毫无争功之举。贞观三年，房玄龄任总百司。

房玄龄担任总百司的职务以后，“虔恭夙夜，尽心竭节”。

房玄龄除了负责吏事、法令、用人等工作之外，还监修前代史、国史，监修五礼，组织撰修《文思博要》，守护高祖陵寝，与长孙无忌一道谏止分封。凡朝中政事，不分巨细，没有“知无不为”者。工作虽然繁杂且繁重，但他都能很好地完成，得到皇帝的首肯。

后来，太宗皇帝不断地给房玄龄加官晋爵，委以重任，但每次被提拔，他都婉言谢绝，但最后还是从江山社稷的大局出发，接受官职，在处理军国大事上，只有更加谨慎小心，唯恐有失。

贞观十九年，太宗亲征辽东，命房玄龄为京城留守，手诏上说："公当萧何之任，朕无西顾之忧矣。"军戎器械，战士粮廪，一并由其筹集、调拨。

贞观二十二年，房玄龄病危，念念不忘的一件事，便是如何劝谏太宗放弃东征高丽的打算。他对身旁的几个儿子说："当今天下清谧，咸得其宜，唯东讨高丽不止，方为国患。主上含怒意决，臣下莫敢犯颜。吾知而不言，则衔恨入地。"于是，抗表进谏近千言，太宗见表，对房玄龄儿媳高阳公主说："此人危惙如此，尚能忧我国家。"临终，太宗与他握手叙别。

房玄龄有两个儿子，老大叫遗直，老二叫遗爱。遗爱娶高阳公主为妻，为驸马都尉。房玄龄告诫儿子不能"骄奢沉溺"，也不能"地望凌人"，房玄龄的家训为"保身成名"、"累叶忠节"。

"才兼藻翰，思入机神。当官励节，奉上忘身。"这四句赞词，高度概括了房玄龄"夙夜勤强，任公竭节"的一生，成为千年来名相的典范。

精忠报国的李靖

唐代众多著名的将帅中，李靖是其中之一，他具有丰富的军事理论和作战实践，业绩彪炳青史，是文武全才的著名军事家。

李靖，本名药师，京兆三原（今陕西三原县）人，出身于官宦之家。他自幼酷爱学习，胸怀大志，曾表示“大丈夫若遇主逢时，必当立功立事”。

李靖为了实现自己的远大理想，博学经史，熟读兵法战策。他舅舅、隋唐名将韩擒虎对他的军事才能更是赏识有加，认为他是当今唯一“可与论孙、吴之术者”。

李渊父子起兵反隋后，他投入李氏阵营。他统率大军南征北战，进取江陵，剿灭颉利，为唐朝统治的建立和巩固做出了重要的贡献。史家称他：“临机果，料敌明”；“临戎出师，凛然威断；位重能避，功成益谦”。

李靖这个人聪明机智，善于审时度势，能够很好地把握时机，一旦时机成熟，便挺身而出，做自己想做、并且能够做得很好的事情。

李靖具有优秀的将德。他能够识大体、顾大局、谦逊谨慎，把“精忠报国”作为自己的政治理想与追求。也就是因为他具有这样的特点，深得唐太宗的信任。

贞观八年，李靖已经64岁了，他以患有“足疾行动不便”为由，上奏皇上，请求退休。对于李靖的请求，唐太宗做出了这样的答复：“朕观自古以来，身居富贵，能知止足者甚少。不问贤愚，莫能自知；才虽不堪，强欲居职；纵有疾病，犹自勉强。公能识大体，深足可嘉。朕今非直成公雅志，欲以公为一代楷模。”唐太宗的话表示要成全李靖的心愿，并充分肯定了他的高风亮节为文武大臣做出榜样。唐太宗下诏批准李靖闲职在家休养，病体痊愈后，可每隔两三天去朝廷参议政事。

李靖虽然年事已高，赋闲在家，但壮心不已，时刻准备为国效力。贞观八年十一月，吐谷浑大举入侵凉州（今甘肃武威），对唐河西走廊地区的安全造成严重威胁。因此，及时实施反击势在必行。

唐太宗左思右想，觉得只有李靖最适宜承担这一重任。可是唐太宗心里也很矛盾，又不太忍心让年老有病的李靖再次劳累出征。

得到这个消息之后，李靖立即向宰相房玄龄表示："靖虽年老，固堪一行。"

唐太宗听李靖是这样的态度，非常高兴，立即任命李靖为四海道行军大总管，"节度诸军"，统帅侯君集、李道宗、李大亮、李道彦、高甑生等部兵马浩荡西行，征讨吐谷浑。

贞观九年春，李靖率军进抵伏俟城（今青海天峻东南），吐谷浑伏允可汗知李靖来攻，大为惊恐，仓皇南撤，退保大非川（今青海兴海以北）。李靖穷追不舍，兵趋大非川。伏允可汗只得继续率众折西逃窜。李靖督军疾进，越数千里地，克服重重艰难险阻，前后鏖战数十次，终于彻底击败吐谷浑军。伏允可汗在逃窜途中被部下所杀，其余众全部投降，唐军至此大胜而归。

在这场战斗中，李靖采用长驱直入、速战速决的战法，成功创造了远程追击，全歼敌军的典型战例。

这次战役的胜利，对于开拓边疆地区、巩固西北边防，具有重大的意义。尽管战后高甑生等个别人出于对李靖严肃执法的不满，“诬告靖谋反”，但唐太宗待“按验无状”，查清事实后，在严惩高甑生等人的同时，积极表彰李靖精忠报国、破寇杀敌的业绩，改封李靖为卫国公，进位开府仪同三司；后又下诏命画师将李靖与李孝恭等二十四位开国功臣画像于凌烟阁，以示殊荣。

贞观十八年六月，唐太宗为出兵辽东事宜召见李靖征询意见。当时李靖不仅已是 74 岁高龄的老人，且病魔缠身。他不仅赞成出兵，而且表示愿意再次挂帅出征、精忠报国。他的这一请求虽因年迈多病而未获允准，但却进一步赢得唐太宗的由衷尊敬。

79 岁的李靖身患重病，生命垂危。唐太宗亲自登门看望病榻上的李靖，唐太宗流着眼泪对李靖说：“公乃朕生平故人，于国有劳。今疾苦也，为公忧之。”这实际上表达了唐太宗对李靖精忠报国、出生入死一生业绩的最高评价。

“万代垂训”的颜真卿

人们都知道颜真卿书法有名，但未必知道他还是位“才优匡国，忠至灭身”顶天立地的人物。

颜真卿，字清臣，唐代京兆万年（陕西西安）人。

唐玄宗天宝年间，颜真卿出任平原郡太守。这个时候，安禄山起兵反唐的迹象已经十分明显。颜真卿便以阴雨连绵、防备城墙滩塌为由，组织人力整修城池，高垒深壕。同时，根据城中丁壮劳力，暗中积蓄粮草。表面上，则饮酒会文，泛舟外池。安禄山派人暗中侦察，以为颜真卿乃书生，不再多加戒备。

天宝十四年十一月，安禄山起兵。所过州县，望风瓦

解，竟没有军队敢抵抗。玄宗大为叹息：

“河北二十四郡，岂无一忠臣乎！”

颜真卿的使者绕道至长安奏明平原郡正在设防抵抗，玄宗“大喜”。

在这期间，颜真卿秘密联络各郡义士，数十日便征集上万丁壮，经过短期训练，选拔将领，以备死战。

颜真卿立即将安禄山派来的段子光斩首，并安葬了被安禄山杀掉的三个官员。这一举动，产生了巨大影响。景城、饶阳、河间数郡纷纷杀掉安禄山所派官员。

颜真卿进一步与常山太守、从兄颜杲卿联络，欲联兵断掉安禄山的退路，以缓其西进。颜杲卿设谋杀安禄山将，打通井陉口。

于是，河北诸郡响应，十七郡都归顺朝廷，合兵二十余万，“共推真卿为盟主，军事皆廪焉”。

唐玄宗知道后，立即加封颜真卿为户部侍郎，兼平原防御使。他便进一步联络清河郡、博平郡，以三个郡的力量，大破安禄山军占领的魏郡，夺回魏郡。

此间，北海太守贺兰进明亦起兵，颜真卿以书召之并力。当安禄山攻占长安时，唐肃宗即位，颜真卿立即以蜡丸密封遣人秘密上表唐肃宗，报告河北诸郡仍为唐守。

唐肃宗以颜真卿为工部尚书兼御史大夫，依前河北招讨、采访、处置使，并致敕书，亦以蜡丸送达。

颜真卿把皇帝的旨意，当即颁布河北各郡，并派人到河南、江淮等地散发，各地始知肃宗为新皇，抵抗乱军的斗志也随之更加坚定。

为打通长安与范阳之间的道路，安禄山派史思明等急攻河北，饶阳、河间、景城、乐安相继失陷，只有颜真卿所在的平原及博平、清河三郡依然死守。

至德元年，在河北艰苦抗战整整一年的颜真卿，终因寡不敌众，弃郡渡河。历经半年多，到第二年达到凤翔朝见肃宗。唐肃宗提拔颜真卿为刑部尚书，加御史大夫，留在朝中。

史称颜真卿在朝，“军国之事，知无不言”，“虽天子蒙尘，典法不废”。正是因为他勤于朝政，恪尽职守。当时，颜真卿的职位与能力，遭到了宰相以及御史的嫉妒，几次贬为州刺史。

唐代宗即位后，颜真卿再度入朝在刑部任职。颜真卿反对宰相元载主张的百官凡欲论事，皆先报其部长官，各部长官再报宰相，然后由宰相决定是否上奏的做法，遭到了元载的忌恨，奏其诽谤，被贬州官。

后来，元载被杀了，颜真卿再度入朝。

唐德宗即位，杨炎为相，改颜真卿为太子少傅，“外示崇宠，实去其权”。卢杞为宰相，也很忌妒颜真卿。

建中三年（782）十一月，李滔、田悦、王武俊等人称王，以李滔为盟叛唐。随即，李希烈自立为王。

接着，李希烈派部将陷汝州、围郑州，东都洛阳军民又一次惊恐起来。

德宗准备派一位“儒雅重臣”去说服李希烈“革心悔过”，宰相卢杞趁机推举颜真卿。下诏之日，满朝失色，以为“失一元老，为国家羞”。有的大臣一面密表请留，一面迎于道路，却已追之不及。

颜真卿也深知此行必死。便给其子留下六个字：“奉家庙，抚诸孤”。

初见李希烈，其养子千余人环绕侮骂，并以刀锋逼之，颜真卿足不移，色不变，严厉斥责说：“尔等闻颜杲卿无？是吾兄也。禄山反，首举义兵。及被害，诟骂不绝于口。吾今年向八十，官至太师，守吾兄之节，死而后已，岂受汝辈诱胁耶。”在李希烈处两月有余，暗中与大将周曾等联络，准备杀李希烈。

事泄，周曾等人被害，颜真卿被囚于龙兴寺。兴元元年初，“四王”上表谢罪，只有李希烈自己认为兵强，欲谋称帝，问颜真卿：“不能屈节，当自焚。”面对柴堆烈焰，颜真卿毫无惧色，投身赴火，被制止住。又过了半年多，德宗满朝回到长安。李希烈弟李希倩因在叛乱之伍，被朝廷斩首。李希烈为此大怒，派人于龙兴寺杀害颜真卿。

颜真卿在安史之乱中，为骚扰安禄山后方，展开了艰苦卓绝的斗争；入朝后，不顾权臣谗忌，恪尽职守；劝慰叛军首领，义无反顾，大义凛然。身处乱世，不仅为官至勤，而且实践了自己“死而后已”的诺言，确如历代史家所赞：万代垂训。

拒“美”叱子的李光颜

李光颜，是唐宪宗时期著名的军事将领，曾任忠武军节度使。

李光颜治军非常注重身教，用自身的正气影响将士，用勇于牺牲的精神鼓舞士气，使军队保持良好的精神状态，起到了至关重要的作用。

李光颜统率忠武军屡次挫败敌军，使汴州节度使兼“淮西诸军都统”的韩弘很不服气，当然是嫉妒心理的作用。

韩弘这个人，才智低下，尤其缺乏军事指挥才能，更可恶的是，他坚持“乐于自恣，欲倚贼自重，不愿淮西速平”。在这种阴暗心理的驱使下，他绞尽脑汁，想尽办法阻挠李光颜进军。他对李光颜施用了“美人计”，企图销蚀李光颜的平叛意志。

别看韩弘才智与军事上都不行，但寻找与调教美女，还是很内行的。他先是从大梁城里找到了一位美人，当然是很出色的，不然，拿不上手来，也就无法往台面上端。光有美人还不行，还要对美人进行专业培训，歌舞乐器，都得娴熟，否则光有漂亮的脸蛋，亭亭玉立的身姿还是不够的。同时，好马还要配备好的鞍镫，美人当然要穿戴华丽，配以珠玉金翠。这样，已经基本具备起码的条件了。接着下一步，就是要由使者把美人款款地送到主帅的帐前。

使者对李光颜说：“你为皇上效力征战在外，恭敬地为你献上美人以示慰劳你的征行之勤。”

李光颜听了使者的话后，淡淡一笑，并没有多说什么，只是同使者相约，让他第二天把美人送来。

第二天，李光颜把军官们集中到一起，待“置酒”就绪后，便让使者“进妓”厅堂。在使者的导引下，那位大梁美人款款地走进酒厅，她“容色绝世”，使得“一

座尽惊”。

这时，李光颜就站起来缓缓同使者说道：“韩弘赐我美妓，荷德诚深，”是对韩弘的“关怀”表示谢意。接着，他的话锋一转：“然战士数万，皆弃家远来，冒犯白刃，光颜何忍独以声色自娱悦乎？”

说到这里，他不禁百感交集，涕泪俱下：“为我谢公，天子于光颜恩厚，誓不与贼同生。”并指着自己的心说：“虽死不贰！”说完这些，他当即在席上馈赠给使者礼物，并把美人打发回去了。

李光颜在“战士皆弃妻子，蹈白刃”的战争环境中，洁身自好，谢绝美人入军，绝不动摇半点斗志，并当众表示公而忘私、义无反顾的决心，对将士产生了积极的影响。

李光颜举刀叱子，冒死身先士卒、为人表率的突出表现，给将士树立了不怕流血，勇于牺牲的榜样。

唐宪宗元和十年五月，李光颜率军与吴元济叛军大战于时曲。

一天清晨，叛军“压其垒而阵”，使得李光颜军无法出营作战。李光颜为了扭转被动，便当机立断，下令毁坏其营垒的左右栅栏，为骑兵出击腾出道路。一切就绪后，李光颜便亲自率领数骑突入敌阵，进行格斗。这样来回冲击了几次，敌众都认得李光颜，于是就集中对准他放箭。

当时，李光颜的儿子也在军中，他看到父亲有生命危险，非常不安。出于关心父亲的安危，他想阻止父亲再冒着危险去冲锋陷阵。李光颜对儿子的举动十分生气，便举刀叱开儿子，依然奋不顾身拍马挺枪直冲敌阵。

李光颜身为主帅，却不顾个人生命危险，亲自冲锋陷阵。这一举动，使官兵们感动振奋不已。在李光颜的率领下，忠武军将士人人奋勇争先，同敌人殊死搏斗，杀死叛军数千人，把叛军打得大败。忠武军这次作战的胜利，为平叛战争的顺利进行创造了有利条件。

李光颜拒“美”千里之外与叱子而勇于牺牲的精神，是取得平叛战争胜利的重要因素。

断案如神程明道

程明道，宋朝人，生于黄陂，在金华（今浙江金华）县当县令时，有人借别人家的房子居住，偶然掘到了钱窖，得了几千串钱。房屋的主人说：“这钱是我藏的。”借房的人说：“这钱是我的。”二人为钱的归属打起官司，各持己见，争论不休。

程明道问主人：“你藏这钱是什么时候？”主人说：“那可早了，这房宅一建时就藏在地下了。”又问借房人：“你的钱藏几年了？”借房人说：“三年。”程明道把钱拿来，一一过目，心中有了谱，就对借房人说：“这钱是房主人的。”借房人争辩说钱是他的。程明道说：“你真是大胆，还敢说这钱是你的。你借人家房子住才三年，我看了那些钱上的铭文，都是年号久远，近年制作的钱，一枚都没有。你凭什么说这钱是你的？”那人不再争辩。

金华县内有一家姓于的富户死了。本来他只有一个儿子，家业统统归儿子继承。有一天，忽然有一位医生来到于家，对于氏之子说：“我是你的父亲。”于氏之子大吃一惊，不解为何一个父亲已经故去，又冒出一个父亲来，忙问其中缘故。医生说：“你实际上是我的儿子，早先于家把你从我身边要走的。现在我年龄大了，你应该养我老了。”于家儿子不认这个“爹”，两个人到县衙要求明断。

这位医生把儿子送给于家的情形详述一遍。程明道问：“你有什么证据吗？”医生说：“当然有！”程明道问：“什么证据？”医生说：“我记得自己开过一个药方，顺便记下了将儿子给人的日期。”程明道让医生把药方取来，一看那纸和墨确实年代久远，其后面果然写有“某年某月某日，将第儿子送给本县于二翁家”的记载。程明道把药方留了下来。

第二天，程明道问于家的儿子：“你今年多大了？”又问：“你父亲高寿几何？”于家儿子一一作答。程明道将于家儿子的话，与医生所写的年月加以比较，毫不客气地对医生说：“你这是诈骗！”医生说：“我哪敢诈骗？”程明道说：“你药方上记载的年月，跟于家儿子的年龄吻合，这一点儿毛病没有。不过还有一处疏漏，你没有察觉。”医生问：“我有什么疏漏？”明道说：“以你所记载的年月与于家主人的年龄比较可知，你将儿子送人那年，于家主人不过34岁，如此年纪，怎么能称‘翁’呢？”那医生什么话也说不出来了。

程明道断案如神，究其根源在于他对工作的认真，可以说是敬业；他明辨是非，可以说是尽责。程明道为官用“敬业尽责”来形容，比较恰如其分。

“忠献一生”话韩琦

北宋时期的韩琦，因勤于政事而闻名于世。

韩琦，字稚圭，河南安阳人。少年就以第二名的优异成绩考中了进士。历任数职后，又被擢为枢密副使，与范仲淹等人共同倡行“庆历新政”。宋仁宗嘉祐元年，召为枢密使。再后来被提拔为宰相。到了英宗皇帝的时候，他继续留任执政。宋神宗即位以后，他毅然辞去相位。

大名府是北宋的陪都，又称为“北京”。当地人口众多，约有七八十万人，在北宋四京当中，人口仅次于东京开封府。因此，大名府的政务繁忙尤其是那些有关民事纠纷、狱讼的牒诉文书，比一般府郡多出数倍。

韩琦坐镇大名府的时候，他已经是60多岁了，尽管他年纪大了，但对府中政务，无论大事小情，全都亲自审理。有时因患病而难以升堂视事，也要让属吏将公事送至住所，在卧室内听决。周围的人怕他操劳过度，有人劝他不必过于认真，可以疏略一点，将某些政务委托佐属处理，以安心养病。每当遇到这种情况，韩琦总是回答说："或生或死，或予或夺，至此一言而决，吾何敢略也？吾恐有所不尽。况其可以委之人乎？"

他的意思是说，对于刑狱诉讼，往往都是人命关天的大事，生死就在一念之间，都是一句话就可以决定的事情，我怎么敢怠慢？我只怕办不好。这样的工作，怎么可以委托他人呢？他把心迹向自己的属下表达明白了，仍旧坚持带病视事，不肯稍有懈怠。

韩琦这种鞠躬尽瘁的精神，多次得到朝廷的褒奖，宋神宗也曾几次御赐汤药给他，为他治病是一方面，更要紧的是借助这样的形式，对他那种勤勉为政的精神加以抚问与奖励。当然，这也是皇帝做出来给文武百官看的。他希望百官能明白，他就是这样对待勤勉为政的官员的。

韩琦镇守大名府数年，深得民心，当地百姓为他立生祠，岁时拜扫，为他祈福。后来，韩琦又移判相州，也深受当地民众爱戴。史书载：相州“人爱之如父母，有斗讼，传相劝止，曰：‘勿扰吾侍中也。’”

这样说来，韩琦真的有很深的群众基础。如果说有人为他设生祠，有盲目吹捧之嫌的话，那么，老百姓中发生了鸡毛蒜皮的小事想去大名府打官司的时候，老百姓之间则相互劝止，别因这点小事儿，去打扰韩大人了。听了这样的话，除了感动，还是感动。韩琦被老百姓拥戴、爱护、理解等诸多的情感，跃然纸上，令人肃然起敬。

韩琦自步入仕途以来，为官近五十载。他曾担任三朝宰相，并且两次担任顾命大臣。“处于危疑之际，而能知无不为”。对于他这样的经历，有人告诫他说：“你的行为虽然忠诚善良，可万一有了差错或失误而跌倒，岂不是自身不保，恐怕连家人都受连累而无路可走。”

听了人家的好心相劝，韩琦回答说：“你这是说的什么话，为臣的就应该尽全力侍奉君主，死生只能置之度外。至于成败，是天意，岂能因为这些而不去做事。”人们听了韩琦的回答，十分惭愧。

韩琦一生忠勤，死后被谥号为“忠献”。欧阳修称赞他：“临人事，决大议，垂绅正笏，不动声色，措天下于泰山之安，可谓社稷之臣。”欧阳修不愧为有名的文学家，他对韩琦的评价，中肯且恰当，寥寥数语，就把韩琦的作为和本来的“忠献”精神风貌，很好地描绘出来了。

“贪书图药”的耶律楚材

在打扫战场的时候，元太祖手下的将领们都去抢夺妇女和金玉珠宝，唯有耶律楚材四处搜集遗散的书籍、账册以及大黄等药材。

耶律楚材认为书籍、账册为治国所必需，而药材则可治将士疾病。

果然，仗打完没多久，军中流行病。这时，耶律楚材收集的药材派上了大用场，为许多将士治好了流行病。

耶律楚材是一个接受汉文化较多的契丹人，为辽太祖的九世孙，东丹王耶律图欲的后人。

耶律楚材年轻时就投奔了元太祖，以其学识渊博颇受

信赖，以致在政治上多有建树。元太宗窝阔台即位，他又成为最亲信的谋臣，拜中书令，元太宗事无巨细，皆与其商议。耶律楚材也不负厚望，在太宗左右出谋划策，任中枢三十余年，为使蒙古人接受汉文化作出了杰出贡献，成为一代名臣。

耶律楚材勤于收集典籍、账册，对各地的人口、户籍、赋税等基本情况都很清楚，这对促进元太宗接受汉族的统治方式起了很大的作用。

当时蒙古人受游牧生活的影响，他们不懂得以收取赋税的方式进行统治，有人甚至对元太宗说："汉人无补于国，可悉空其人以为牧地。"

所谓"空其人"的内涵有两个：一是把人全部杀光，另一个是把人从土地上赶走以变成蒙古人的奴隶。这两种办法他们经常使用，一般使用前者更多一些。

耶律楚材根据自己所掌握的赋税情况对元太宗说：

“陛下将南伐，军需宜有所资，诚均定中原地税、商税、盐酒、铁冶、山泽之利，岁可得银五十万两、帛八万匹、粟四十余万石，足以供给，何谓无补哉？”

耶律楚材对情况了解得这样清楚，使元太宗很佩服，他听收取赋税比“空其人以为牧地”有利可图得多，便派耶律楚材主持征收赋税。

耶律楚材尽心尽力，勤于职守，不久便使蒙古军粮草充足，军心振奋。

元太宗非常高兴，笑着对耶律楚材说：“汝不去朕左右，而能使国用充足。”

耶律楚材虽不离元太宗左右，殊不知他对政事时刻都在留心，所以才会在必要时提出行之有效的办法。这种作风在当时的蒙古政权中很少见，也很难得。

耶律楚材以契丹人的身份出任宰辅，以“汉法”治国，引起了一些蒙古贵族的不满。但他以国事为重，从不计较私人恩怨。有人向一名宗王进谗言说：

“耶律中书令率用亲旧，必有二心，宜奏杀之。”

这个宗王便派人把话报告了元太宗。太宗经过了解，得知是诬告，便派耶律楚材前去拘捕这个进谗言的人。

耶律楚材对元太宗说："此人居傲，故易招谤。今将有事南方，他日治之未晚也。"

元太宗对耶律楚材这种大公无私的品格深有感触，对身边的侍臣说："楚材不较私仇，汝曹当效之。"

元太宗经略中原，以耶律楚材功最多。元太宗曾亲自举杯赐酒给耶律楚材说："非卿，则中原无今日。朕所以得安枕者，卿之力也。"

元太宗任儒臣，兴考试，一代制度多经耶律楚材之手。

元太宗死后，皇后当政，耶律楚材不再受重用，但他仍以国事为先，尽忠职守。

耶律楚材 55 岁去世。他一生勤于政事，不重自家产业。但仍有人诬陷他，说他在位几十年，天下的贡赋，有一半拿到他自己家里。皇后派人到他家里检查，却只有十几个古琴和一些金石、字画，还有他手书的遗文数千卷。

不要美女，不要财宝，只要图书，只要药材的耶律楚材，给后人留下了深深的思索。

扶明主需敬业之臣

元成宗铁穆耳的病情加重，丞相称病睡在值班房中，就在此时康里脱脱刚好来到京城，当他得知情况后立刻派人将元成宗病危的消息转告给后来的元武宗海山。

皇太弟爱育黎拔力八达侍奉兴圣皇太后从怀孟赶到京城，恰好平定了内部变乱。皇太后将两位皇太子的星宿命相交给阴阳家，让其仔细推算并问阴阳家拥立谁，希望得出一个满意的答案。

阴阳家沉稳地说："重光虽是老大，但却处在偏远的角落，有灾难；旃蒙的命相虽然不好，但可以长久。"重光是武宗海山的年岁干支，旃蒙是仁宗爱育黎拔力八达的年岁干支。皇太后听了阴阳家的话对有些疑惑，于是派近臣朵耳传旨海山对他说：“你们兄弟都是我生的，不会有亲疏之分？但那个阴阳家说的天运帝位的长短，由不得不考虑呀！”元武宗听后，什么也没有说。

经过一番考虑后，元武宗对脱脱说：“我辛勤劳苦十年，按年龄我居于长位，帝位归我，难道有什么疑问吗？皇太后现在以星宿命相为理由让我避位，可是天道运行迷茫不清，我想谁也未必看得清楚？

元武宗接着说：“如果我登上帝位，所施行的政策符合上天的安排，又能使百姓安居乐业，怎么可以把阴阳家的话当真呢？难道这样不是在违背祖宗的意愿吗？或许这正是现在掌权的大臣专权横暴，乱杀无辜，害怕我以后当了皇帝后治他的罪，这样一来他就麻烦了，所以才散布这些谣言，他们以此来动摇帝位统治。脱脱，你为我前去观察事情的变化，一有情况马上回来报告我。”脱脱听了这话立即出发。

脱脱急忙赶到大都，进宫拜见皇太后，并且详细地向皇太后说明了海山的旨意。皇太后听后惊奇地说：“太子在位长短的说法尽管是阴阳家的说法，但这一切也都是为太子深思远虑出于我的爱子之心。现在图谋不轨的奸臣已经除掉了，决定已经作出，太子为什么不赶快前来？”

当时诸王秃列等人侍立在旁，都说：“我们辅佐拥戴太子为皇帝，绝对没有二心呀！”

太后和后来的元仁宗屏退身边的大臣，单独留下康里脱脱告诉他：“太子孝顺，天下人对他寄予厚望。现在听到你转述的话，大概有人想离间我们母子关系。希望你能赶快回去为我们弥补这个缺憾，使我们母子不致产生很深的隔阂，我希望我们能和睦相处，这样一来你的功劳可是很大的！”

脱脱叩头拜谢说：“皇太后、皇太弟不必太过烦虑，我在王府侍奉太子已经有很多年了，太子对我十分信任，这次回去我一定向皇太子解释清楚这件事情，使二位不至于产生隔阂，以后三宫和睦相处，不会产生隔阂，这是我康里脱脱所应该做的事情呀！”。

起初，皇太后见海山犹豫迟疑没有到京师来的意思，便决定拥立他为皇帝。等到脱脱接着前往，行到旺古察时，海山在马轿中望见康里脱脱前来，急忙派使者前往迎接，与他共乘一车。脱脱详细转达了皇太后及元仁宗的

话，海山心中的疑虑全部消除了，于是派阿沙不花回报两宫。元仁宗命令到上都奉迎武宗。

元武宗海山登上帝位以后，尊奉太后为皇太后，册立爱育黎拔力八达为皇太子，三宫相处和睦，脱脱出力最多。

聂以道破案

聂以道在江南一县做县令时，有一个村里人早起到市里卖菜，在途中捡到至元年间的钞票十五锭。村人没有声张，回到家中，就把钱交给了母亲，说明钱是捡的。母亲大怒说：“好小子，你别骗我，你是从哪偷来的？就算有人丢钱，丢三张五张了不得了，哪有丢一捆之理。再说我家从未经历过这样的事，没准马上就得惹祸。你赶快给人送回去，免得连累我。”说了一遍又一遍，可她儿子就是不听。

这下可把母亲惹火了，说：“你要不送回去，我就上官府去告你。”他儿子还在强辩：“钱是捡来的，你叫我送给谁?”母亲又说：“你就送到你原来捡钱的地方，在那等着，肯定有失主前来寻找。”儿子别不过母亲，只好带着钱，到原来捡钱的地方等候失主。

过了一会儿，果然等来了找钱的人，这乡下人心眼实，问也没问那人丢多少钱，便把钱给了那人。旁边的人都对丢钱的人说：“人家捡到钱，一分一文还给你了，你也得拿出来点表示表示。奖励这小伙子吧?”哪知丢钱人舍不得地说：“我原来的钱是三十锭，现在才找回一半，赏钱？开什么玩笑!”双方发生争执，来到县里，请官府裁定。

聂以道先是向村里人做调查，证实小伙子捡的确实是十五锭，又问小伙子的母亲，母亲也说儿子捡的是十五锭，说法一致。于是就让二人出具了失主实际上丢三十锭钱而捡者是捡十五锭钱的文书，又对失主说：“这不是你的钱，一定是老天赏赐给这位母亲养老用的。如果是三十锭，没啥说的，是你的钱，你还是自己去别处再找找那三十锭吧!”于是把十五锭钱给了母子俩，村里人听了都拍手称快。

农人当上了大官

刘崧，字子高，原名楚，江西泰和县农人。这个普通的农人，谁也没有想到，后来竟当上了北平的按察司副使，这似乎是个很奇怪的事情。

明洪武三年，一天傍晚，在田地里收庄稼的农人，陆陆续续从地里走出来，拖着一身的疲惫，回家吃晚饭。这时，村里静悄悄的，偶尔传来一声鸡叫或犬吠，整个村庄，被雾霭与炊烟笼罩着，给人恬静与沉稳的感觉。当然，不管是那恬静，或是那沉稳，都与收获，都与辛勤的劳作终于有了结果，有着直接的关系。

有一个名字叫刘楚的农人，收罢庄稼回到家。他怎么

也没想到，官使却已经在他家恭候他多时了。

奇怪，官使在这个叫刘楚的普通农民家“恭候”他？怎么可能？该不是弄错了，走错门、找错人了吧？

事实上，官使既没有走错门，更没有找错人。官使是来通知刘楚，让他进京，皇上要召见他。

刘楚被选荐入京，改名为刘崧。他在奉天殿朝见过明太祖后，起初被授官兵部职方司郎中，但不久就改任为北平（今北京）按察司副使。

刘楚所以被举荐，理由是“经明行修”，也就是说，不但他经史子集样样精通，而且他还是江西著名才子、“西江派”诗人的代表人物。

刘崧赴任，一不带家眷，二不要随从，只有一名小僮相随，收拾起简单的行李就上了路。等他到达任所，他又把小僮遣还，独自一人，留住在官署内。

刘崧到底是个怎样的人？他在生活上为什么要这样简单？这是个谜。

刘崧自幼读书以勤奋著称。做官之后，读书的初衷仍旧不改，在勤于政事的同时，读书一天都没有懈怠过。

明朝建国之初，北方经济、文化破坏甚重，亟待恢复。

刘崧，在安定民心，发展生产，振兴教育等方面起了很大作用。他白天忙于公务，晚上读书写作，“孤灯一榻，读书不辍”。五更天色未明，便衣冠而起，坐待处理次日政事。

刘崧天性廉慎，一床旧被，盖了十多年，还不肯换，直到被老鼠咬得不成样子，才肯换一床新的，旧被子缝补之后，又留给孩子改作了衣服。他的官做得很大，却很少注意自已的衣食和住行，精力大都放到公务上去了。

刘崧的事迹介绍到这里，似乎他上任之初时做法的谜底，终于可以揭开了，他本就是这样一个俭朴的人。

在北平为官十载，公事之暇，对北平风土人情，沿革历史作了考察，撰成《北平志》、《北平事迹》，还有诗文多卷。其实，刘崧的书卷气，不但对从政有好处，而且对于加强自身的修养，也是有百益而无一害的。但从政者书生气太浓，对个人往往没有好处。

刘崧为人书生气颇重，很不讨上司喜欢。丞相胡惟庸很讨厌他，找机会将他免了官职，罚去运粮作工。刘崧是做惯了农活的，并不以为然。不久，胡惟庸被杀，刘崧又升任了礼部侍郎。这一年，谨身殿遭到雷击，明太祖以天灾命群臣上言政事得失。刘崧上书大谈修德行仁。这与明

太祖诛杀功臣的所作所为更是格格不入，于是明太祖便以年迈为由，让他致仕还乡了。

第二年春天，国子监缺官，想起刘崧的文名和他在北平兴学重教的政绩，明太祖又传旨征拜刘崧为国子司业（国子监副长官）。

这时的刘崧，也的确是年老多病，但是朝廷只要有召，绝对是义不容辞。刘崧勉力入朝，承担了教导诸生的工作。这一切其实都只是忘我地尽责，不是他当时的身体状况所能承受的。这样的工作，刘崧很快就病倒了。尽管疾病发作，他仍强坐支撑着训导诸生，直到生命的最后一刻。

史书上记载刘崧临终前，身边官员问他还有什么话要讲，他说道："天子遣崧教国子，将责以成功，而遽死乎！"临死，仍旧想的是事业，而对于自己的事儿，自己家里的事儿，连一个字都没提。

后世史家对刘崧勤于国事，鞠躬尽瘁的精神，评价很高。但他给后人留下的最深刻的启示：人不但要有追求理想的精神，还是要有能力，哪怕就是遇到艰难与坎坷，靠自身的能力克服了，也就会有理想的结果。

“要留清白在人间”的于谦

明朝的于谦，在他的《石灰吟》里有这样的诗句：

千锤万击出深山，烈火焚烧若等闲。
粉骨碎身浑不怕，要留清白在人间。

于谦的这首诗，是托物言志，他把自己比做石灰，抒发自己不畏艰难、坚贞不屈，甘为民众牺牲的崇高精神，同时也表达了他那清白自守的高风亮节。

于谦考中进士以后，被任命为山西道监察御史。永乐二十一年，于谦受命到湖广（今湖南、湖北）调查，并且兼“安抚”川贵等地瑶、壮少数民族。于谦到任后，不是坐在衙门里听官员的汇报，而是改换便装，亲自来到瑶民居住的地方实地走访。于谦了解到，当地存在官军滥杀无辜、冒功请赏的现象。

没有不透风的墙。于谦的举动，很快被人察觉，被抓住小辫子的人希望能使些银子堵住于谦的嘴，私下里把事情“摆平”，以求大事化小，小事化无。于谦对待这个问题则表明了自己坚决的立场，他不但当面斥责了向其行贿的官员，还如实地将当地存在的实际问题如实奏报朝廷。后来那些行贿的官员被绳之以法。

宣德二年，于谦奉命巡按江西，他处理公事，平反冤狱，查办骄横不法的官吏，整顿市场，改革弊政，两年间，为当地办了很多好事，等到他还朝复命时，当地百姓已经为他制作丁木主（名位牌），奉祀到南昌名贤祠里。

宣德五年，由于于谦的政绩突出，他被破格提拔为兵部右侍郎，巡抚山西、河南两省。

巡抚两省，就是要主持两省的工作，职权大，责任也重。于谦每年冬春两季在山西，夏秋两季到河南。既要奔走于两省，又要巡察各州县。他在诗中写道：

月落日未出，东方隐又明。
云连怀庆郡，雾绕泽州城。

清晨，月亮已经悄悄地回去休息了，但太阳还没起床，于谦却已经踏上行途了。早晨从怀庆出发，晚上到泽州，可谓晓行夜宿，十分辛苦。就这样，于谦在山西、河南两省巡抚任上忙碌了十九年。

曾有这样一个传说：一天，于谦从河南前往山西，轻骑简从，夜过太行山，忽遇“群盗”拦劫。但当这些“大盗”发觉站在他们面前的竟然是大名鼎鼎的于大人时，立刻各自散去。那些人为什么会自己散去？因为，于谦爱民与廉洁，是人所共知的事实。老百姓对于谦的拥戴，盗匪也都一清二楚，看见是他站在面前，还有不跑的

道理。

于谦以其勤励的治政和廉洁奉公的作风得到了人们的敬畏。他在山西、河南任上的惠政很多，他针对河南一些地方每到雨季经常发生洪涝灾害的实际情况，他采取了“厚筑堤障，计里设亭，亭有长，责以督率修缮”等措施，由水害变水利。同时，他还采取“种树凿井，榆柳夹路，道无渴者”的办法，不仅对农业生产有利，也在一定程度上解决了水土保持的大问题。他对采取了“将私垦田为官屯，以资边用”的措施，稳定了边塞，也促进了当地农业生产的发展。

震惊中外的“土木之变”中，于谦挺身而出，肩负起守卫京师的重任。他白天指挥战斗，夜晚也不回家，带病留宿在指挥岗位上。于谦在北京保卫战中立下大功，受到重用，国家大事集于一身，他肩上的担子更重了。

景泰帝曾赐予他西华门外一处住宅，于谦推辞道：“匈奴未灭，何以家为。去病竖子，尚知此意，臣独何人，而敢饕此。”这既是于谦的风格，更是他的追求。“要留清白在人间”的理想，谱写了于谦那以国事为先，公而忘家，忧国忧民的伟大一生。

耿直的祭酒李时勉

李时勉，名懋，时勉是他的字。江西安福人。自幼勤奋好学，他考中了进士之后，历经了仕途的坎坷，那是为什么呢？其实，是他的“性刚鲠，慨然以天下为己任”决定的，他经常为军国大事与人持不同看法而直抒己见得罪于人，影响了他在仕途上的发展。

李时勉 68 岁时，才被任命为国子监祭酒。国子监是明朝的最高学府，俗称“太学”，祭酒是国子监长官，是个名声显赫，德望并重的职位。

永乐末年，他因遭人陷害入狱，被关了一年多，幸亏阁臣杨荣帮他说了好话，才得以复职。第二年，明仁宗即位，他又因上疏言事触怒了明仁宗，召到便殿，仍然应对不屈，被殿上武士打折了三条肋骨，又关到锦衣卫狱中，险些丧命。可是明仁宗也被他气得病发而死。明宣宗即位后，得知李时勉得罪明仁宗的事，不由大怒，下令把李时勉绑来亲自审讯后处死。待人走后，越想越气恼，又命王指挥把李时勉直接绑赴西市处斩。谁知王指挥去狱中提人时，李时勉已被押到明宣宗面前。

明宣宗骂他道："你为小官，胆敢触怒先帝！还有什么话可说。"

听了明宣宗这么问，李时勉一边对皇上叩头一边回答道："臣只是劝谏先帝不宜近妃嫔，皇太子不宜远左右。"

明宣宗听到李时勉疏中所言尽为忠正直谏，不再发怒。待到李时勉说到此事，明宣宗已不得不称其忠直，将他官复原职。

王指挥到狱中提不到人犯，回来禀告时，李时勉已经冠带而立了。

这些坎坷的经历，不能丝毫改变李时勉耿直性格，却使他的名声渐著，这也才使得他晚年又出任祭酒之职。原来，68 岁的李时勉所以能当上祭酒，与他的名声产生的影响有着直接的关系。

李时勉年事虽高，“慨然以天下为己任”之心不改。来到国子监，便着手整治学规，督促学业，而且亲自讲授。他看到监舍不整，便上奏请求改建。明英宗派太监王振前往视察。李时勉从不把这些权贵放在眼里，因此对王振也没有什么特殊的迎接。王振怀恨在心，寻故将李时勉治罪。

官校到国子监抓李时勉时，他正坐在东堂阅课士卷。看到官校到来，毫不惊慌，坐着把文卷阅完，又传唤诸生，为他们品评文章高下，然后让僚属们定下甲乙等级，张榜公布后，才随官校而去。

当时正值酷暑，王振让人将他枷于国子监门前，一连三日。太学生石大用哭道：“师父如同父亲一样，师父遇难，弟子怎么能够安然坐着不动声色！”于是他奔走呼号，又上疏愿以身代。一时联名请求赦免其罪罚的达数千人之多。王振恐怕激变，连忙释放了李时勉。

李时勉任官祭酒时的作为是人所共见的。

明朝著名史家焦蛇对李时勉的印象是：李公时勉为祭酒，崇廉耻，从来也不搞托关系走权门那一套，他的贤德，是与众不同的，他坚持劝善惩恶，主张把新的思想主张，变成士人的习惯。他对于贫困而娶不上媳妇的，对有病没钱医治的，对死了人没钱安葬的，他节衣缩食，省下钱来，尽力为这些发生困难的人们解决实际问题。他监督学生们读书，经常到深夜才就寝。有时还偷着观察，看看学生们读书，到底是勤奋还是懒惰。他这样对待学生，如同父亲对待儿子一般。

李时勉对属官和学生，既严格要求，又关怀备至，以身作则，得到了他们的敬佩拥戴。国子监助教李继，做事不检点，李时勉常批评他，李继虽不能尽听其言，心中却很感激。时勉遭罚，奔走申救，他也起了很大作用。

李时勉年已 74 岁，他恐自己年高难于胜任工作，一再上疏请求退休。当他离京还乡时，“诸生走涕泣送，观者塞途，商贾为罢市”。相送的朝臣及国子生聚于郊外，有三千多人，还有些人远送到他上了船才肯离去。

虽然因任职祭酒而知名的不乏其人，但能够像李时勉这样勤勉工作，敬业尽责的人，并不多见。李时勉任职祭酒六年，在史册中留下了令人钦佩的一章。

为民谋福祉的李信圭

李信圭，字君信，泰和（今江西泰和）人。明洪熙时举贤良，授官清河知县。清河地傍洪泽湖，“县瘠而冲”，是南北漕运要道，“官艘日相衔，役夫动以千计”。这种地方，一般谁也不愿前去为官的，而李信圭却从洪熙时起，在清河县任知县，前后二十二年，将毕生精力都献给了清河。

刚刚上任的李信圭，率先解决了清和县存在已久的两个“老大难”问题。

一是妥善解决了“助役两便”的难题。在清河县，为漕运出劳役是件大事，李信圭的前任因不能解决这个问题，经请求上级同意，由临近的县出五百个劳动力为清和县境内的漕运干活。可是，这样一来，似乎减轻了清和县的负担，漕运也可以正常运转了，但随之而来的是，邻近的县派来的劳动力，因远离家庭，衣食住行等诸多生活问题都难以解决。

还是李信圭有办法。他请示上级同意，免除了邻近的县来清和县的漕运劳动力，让邻近的县代输清河县的部分徭征，这样一来，两县都较前方便了许多。

二是移风易俗，改革陋习。妥善解决了漕运人力问题之后，李信圭便开始改革当地的陋习。当地百姓苦于生计，好以乘夜纵火或发掘坟冢以泄私愤。

放火，掘祖坟，虽然是小人报复仇人的行径，根本摆不到桌面上来，见不得阳光。但是，人被逼到一定程度，也只能这么做以泄私愤。为了彻底破除这种陋习，李信圭拟定了十三条教戒，并命令里甲和百姓把教戒书写在木牌上，挂在村屯以及街道最显眼的地方，使人们都能看得到，并规定每个月的月初和月中挂出来，“出示儆戒”。李信圭又让他们在木牌上写上里甲间勤惰善恶之事，表彰勤善，批评惰恶，在民间产生了很大的影响，风俗也随之发生了变化。

李信圭在整顿民风的同时，上书朝廷，请求免除一切有碍农业生产的杂役，朝廷同意了李信圭的请求，从此，清河县的老百姓，渐渐有了从事农业生产的条件。

正当清河县人民的生活刚刚有了新起色，又遭遇大旱，“饥民遍野，飞蝗蔽日”。李信圭奔走请示上级，请放贷赈济，减缓征派。除了旱灾之外，淮水泛滥更是常事，每到这个时候，李信圭便上下忙碌，又是体恤民情，又是请求赈济。

李信圭公务繁忙，母亲又患中风病躺在床上，李信圭白天忙于政务，晚上还要侍奉老母，夫妻相敬，兄弟友爱，为清河人民作出了表率。

正统元年，李信圭的事迹被朝廷知道了，提拔他为蕲州知州。清河百姓闻讯，五百多人赴京上书乞留，朝廷命李信圭以知州之职，仍留理清河县事。

这一年，阴雨不止，淮水大溢，淹没庐舍田地，李信圭又像往常一样为赈贷和减办杂役开始了奔忙。

李信圭多年如一日为百姓操劳的举动感动了当地百姓，以至县里有公务要办，不必派人追促，只要约定日期，到时全都前往无误。民间发生争讼，李信圭谕之以理，让他们回去反省，往往未等再审，都主动罢讼。李信圭还让县民收拾南北道上死无葬所的外地路人骸骨，建起了三座大冢，从此人们都知道清河县有位贤德的好官，县民们也都引以为幸。

正统十一年，李信圭再次得到升迁，将去赴任处州（今浙江丽水）知府，使者持符来到清河，请李信圭即刻赴任，消息传出，“一邑之民，无少长愚良，皆流涕，愿留而不可”。李信圭在百姓恋恋不舍之情中离开了清河，这时他已在清河度过了二十二个春秋。

第二年春天李信圭来到处州时，处州已久旱无雨，他初到时，便下了一场好雨，人们把这场雨同李信圭的到任联系起来，都说来了个好官。

史书中略记了李信圭来到处州后的作为：“进耆老问风俗，禁民间生女不举，有丧不葬而焚弃者。择城北闲地数十亩为义冢，葬遗骸，凡无葬地者皆许葬其中，民大化服。方询察利病，次第罢行之，而疾作矣。”

谁能想到，这些事都是李信圭到处州后一个月之内完成的。这一年五月初八，李信圭病逝于处州知府任上，终年63岁。

同僚和处州的百姓惊愕了，他们刚自庆幸得一好官，一月之间却又失去了他。人们不禁痛哭失声，有人说，这不是李信圭的不幸，而是处州百姓之不幸。清河县百姓闻讣更是哀悼不已，为李信圭，这个为他们谋福祉的好官立祠致祀，永远怀念。

一只小鸡要了人的命

不管是谁，看了这个“一只小鸡要了人的命”的故事题目，都一定会觉得奇怪，甚至会觉得有些不可思议。但这的确是一个真实的故事，这个故事，就发生在南明郑成功的部将甘辉的军中。

甘辉，是郑成功手下的一员得力战将。他治军严明，严于律己，为将士树立了楷模，被官兵所敬重。他能征善战，功勋卓著，先是任提督，随后又被任命为崇明伯。

永历九年七月，郑成功集中优势兵力进行北伐，甘辉为陆师总督。甘辉的部队，行军到湄洲岛北镇，暂时驻扎，休整待命。也就是在这个时候，发生了一件小事儿。

那是一个阳光明媚的早晨，一名士兵拎着一只水桶，漫不经心地从军营里走出来，他是准备到村边的井台打水。他一边哼着家乡的小调，一边向四外张望。

作为军人，必须做到，每到一个生疏的地方，不管是在备战期间，还是在战斗正式打响之前，总要先熟悉地形，像哪里有路，是大路还是小路；哪里有河，到底是大河还是小河；哪里有房屋，究竟是什么样的房屋，都要熟悉，熟悉了这里的一切，没准对打仗，甚至对决定战斗最终的成败，都会起到一定的作用。似乎也就是出于这种考虑，这个士兵，边走边观察着这里的地形。

但是，他怎么也想不到，这个离民居挺远的地方，老远都见不到一户人家的地方，怎么会有一只肥硕的母鸡？只见那只鸡正低头觅食，大约是饿极了，在路边的草丛中寻觅着虫子的身影，以饱口福。

连日来，行军的劳累，风餐露宿，吃不好，睡不安稳，突然见到了那肥硕的小鸡，这个士兵，顿时想到了肥美的鸡肉，是如何的开胃与解馋。但是，他马上意识到，自己犯了错误，部队有纪律，尤其是甘辉率领的部队，更是纪律严明，对老百姓的一草一木，一针一线，都是秋毫

不犯。

想到这里，他打消了做贼的念头。可是，就在他转身想走开的时候，那只该死的母鸡，竟主动向他走过来了。

这时，他的心猛地一动，他重新向周围扫视了一番，见四周仍旧是一片寂静，连一个人影都没有。这时，他横下一条心，心想，一不做，二不休，他慢慢放下水桶，似乎是怕惊扰了小鸡，他来了一个猛虎扑食，这一扑，正好把小鸡严严实实地压在自己的身子底下，这只肥硕的母鸡，便成了他的俘虏。

后来，这个士兵究竟吃没吃到那只鸡的肉呢？不得而知。不过，大约是吃到了，要不，事情怎么会捅到监军官那里？

这事儿被监军官知道了，他不敢怠慢，立即把这事儿报告给了总制陈六御。

虽然士兵“拾”了老百姓的一只鸡，但是它的性质十分严重，这不但破坏了军队纪律，也将直接影响军民关系。

陈总制随即召集诸镇将领开会，对此事进行商议论罪。

在这次出征以前，郑成功交给总制陈六御白银一万两作为赏银。郑成功对陈总制强调：凡有战功者，可先赏后报；对有罪者，通过诸镇将领会议决定，可先斩后奏。对于官兵犯有奸淫抢掠罪者，连罪将领，军法从事。

既然郑成功有这样的军令，陈总制不敢草率行事，他向诸将通报了此事。

甘辉听说这事儿之后，非常生气，他对众将领诚恳地说："既然士兵违反了军纪，主要责任在我，因为我是主帅，是我对士兵管教不严所致。发生这样的事情，我负有不可推卸的责任。按军纪议罪，我应首先受到处罚，以示儆众。"

甘辉说完，当即脱去衣服，请受军棍。

在场的诸将为甘辉的行为所感动，大家认为，区区一只鸡的小事，不必连罪甘总督。

甘辉严肃地对将领们说："你们今天不责罚我，就是违令不行，还能指望取得战争的胜利？"

甘辉字字坦诚，句句中肯，众将士肃然起敬。

总制陈六御与众将领经过议论后定出处罚意见：陆师总督甘辉以失律之罪责杖十军棍，违纪士兵处以斩首示

众；付翼司哨队各级军官分别处以棍责处罚。

一个偷鸡的士兵，吃没吃到那肥美的鸡肉先且不论，单说为此而掉了脑袋，“一只小鸡要了人的命”却成为了现实。

通过这件事，全军将士受到了一次深刻教育，大家引以为戒，军纪军风为之肃整，甘辉的部队一路“军令严明，官兵遵守”，所到之处，老百姓积极迎接大军，与敌人作战处处得到民众的支持。

永历九年十月，北伐大军行至浙江舟山，甘辉率军围城攻战，大败清军。清军守将见郑军节制有方，威武雄壮，自知不是对手，遂“开城投降”。甘辉诸将率部进城，“秋毫无犯”，纪律严明，“草木不动，威声振江南”。

北伐军回师厦门后，郑成功对甘辉自责以律军纪的行为大加称赞，谕令诸将向甘辉学习。郑成功说：“闻中提督至湄洲受罪请责，其虚公古名将不过，尔等当勉之，吾亦拜下风矣。”

甘辉的杖己自责，连郑成功都服气，可见意义非同小可。不过，人们应该知道，郑成功对甘辉的褒奖，根源是来自那只肥硕的母鸡，也来自那为此而丢了性命的士兵。

甘辉自责受军棍，成为兵家佳话，传诵至今。

“清廉慈惠”的邵嗣尧

邵嗣尧，字子昆，清代山西猗氏（今山西临猗）人。

邵嗣尧在康熙九年考中了进士之后，做了山东临淄县（今属山东淄博市）知县。也就是从这个时候起，他立志恪尽职守，为老百姓办事，不辜负父母给自己起的“嗣尧”之名。上任伊始，他先是做了两个方面的工作：一是深入田间地头，了解农事，积极鼓励农人发展生产；二是利用业余时间，著述了《劝农续言》，在农村散发，以此开化农人，对推动农业生产，提高农人对发展生产的认识，起到了积极的作用。

康熙十九年，邵嗣尧任柏乡（今河北柏乡）知县以后，致力解决当地的“水利失修，火耗繁重，差役扰民”三大弊病。

他组织兴修水利，使农田灌溉条件得到了相应的改善。

“火耗”，这里需要解释一下，所谓火耗，就是为弥补所征赋税银熔铸时造成的损耗而加征的税额。而火耗的数额大都由地方官自行制定，这也就成了历来赃官中饱私囊的门路之一，老百姓对此反映尤其强烈。

邵嗣尧为了彻底解决“火耗”问题，他先是下令减少火耗的征收，减轻了农民的负担。

邵嗣尧对差役实行严格管理，不许下乡扰民。

解决了水利、火耗以及扰民的弊端之后，出现了民心顺，社会风气为之一振的新风气。

邵嗣尧心里装着老百姓。一次，有人建议开滏阳河，以通舟楫，直隶巡抚于成龙通知邵嗣尧做出安排。邵嗣尧亲赴滏阳河，沿河做了详细调查，并反复征求沿岸农民的意见。最后，他“力持不可”，呈文于成龙说：“此河旱潦不常，未可通舟楫。即或能通，恐舟楫之利归商贾，挑浚之害归穷民矣。”于成龙终于采纳了他的意见，事情到此为止了。

邵嗣尧严格执法，不避权贵。大学士魏裔介是邵嗣尧会试座主，恰恰又是柏乡县人，当其家人犯法时，邵嗣尧不顾师生情面，“严治之，不少贷”。

一个旗人的家丁借主人威风，毒殴负债穷人，解到县衙之后仍气势汹汹，“嗣尧不稍屈，系之狱”，且移文该旗都统，审讯家丁的主人，“具论如法”。

一个强盗在县界杀人，邵嗣尧立即将其置之于法。强盗亲属竟买通上官，诋毁邵嗣尧，以“酷刑”的罪名将其革职。

老百姓的眼睛明亮，纷纷为其鸣冤。当时，正值刑部尚书魏象枢奉命巡视京城附近的情况，接了老百姓为邵嗣尧申冤的案子，使他的冤狱真相大白，水落石出。

不久，于成龙再次推荐邵嗣尧，邵嗣尧又出任清苑县（今河北清苑）知县。至此，他越发觉得应该奋发向上，不畏权贵，多次处理疑难冤狱，老百姓把他比做包青天。

康熙二十九年，邵嗣尧以“清廉慈惠”授江南道监察御史。次年，又出任直肃守道。不管工作有何变化，邵嗣尧仍然始终如一地勤奋工作。他率己正属，杜绝贿赂，

敢于向邪恶势力作斗争。

康熙三十三年，江南缺学政官，康熙皇帝认为邵嗣尧是很合适的人选，就委派他到江南督学。邵嗣尧在任学政期间，走遍全省各府州县，亲自主持各府生员的考试。由于邵嗣尧常年辛劳，当时已身患疾病，但他为了不辜负皇帝对他的信任，他坚持在其位，谋其政，认真对待自己所负的责任。为了对教育有帮助，他著了《四书讲义》，传给学者，并且亲赴各府主持考试。可是，邵嗣尧刚走了三个郡，就因以积劳成疾而病故了。

邵嗣尧始终没有违背自己当官之初的志向，他任官二十余年，也辛勤工作了二十余年，直至以身殉职。邵嗣尧死后，竟“身无长物”，还是同事凑钱为他办了丧事，才得以安葬。然而，老百姓思念他，为他建立了祠堂，供奉他的肖像以祭祀他。

邵嗣尧正是以自己二十几年如一日敬业工作的精神，赢得了老百姓的爱戴。

敬业尽责石赞清

石赞清是贵州人，他在任天津太守的时候，持政勤勉，为官清廉，各级官吏都为他的威望所慑服，百姓也都感念他的恩德。咸丰戊午年间，英国人进犯天津，直隶总督被吓跑了，石赞清不但不逃，反而取了两个大瓮，贮满水，放在堂阶上说："如果英国人进来胁迫我，那么我与我的夫人就死在这里。"

没多久，大学士桂良和英国人议和，英兵退走了。

庚申年间，英法联军又来了，并攻入了天津，总督以下各级官吏都横遭侮辱。英军的将领和士兵分别宿在各官衙内和长廊上，石赞清始终坚持着不离开行署。英军强迫他离开，他回答说："砍我的头可以，官衔不能让。"

英国人惊诧不已，但同时也认为他做得对。一天，英军五百人携带武器来到他的行署，把他强行按在轿子上，抬到了英国的领事馆。英国领事非常客气地对他说："我们不敢留难你。只是听说有清兵要烧我们的战舰，现在只好请你来弹压一下。"

石赞清知道这是英军的诡计，非常气愤，以绝食相抗争。没过几天，百姓们听说太守被英军劫走了，群情激愤，聚在一起，就要与英军拼命。英国人开始害怕了，连忙请石赞清离开，而此时石赞清反倒不走了，对英国领事说："我是怎样来的，就应该让我怎样离开。"

英国人不得已只好派五百士兵在前面引路，用轿子抬着他回来了，同时竖起大拇指称赞道："真是个难得的好官。"

在英国人占据天津的这几个月中，石赞清一直没有离开行署。这件事传开后，普天之下，人人称赞他，此后他多次受到提升，一直升到了刑部左侍郎。

功业彪炳的张居正

张居正，字叔大，明朝江陵（今属湖北）人，嘉靖年间进士。

明万历九年，北京的夏天分外炎热，为国事操劳半生的张居正病倒了，这一年他57岁。

他在病榻上写给姻亲的信中说："年来贱体臼就衰惫，望六之龄，理固宜尔。兼之力微任重，譬马力已竭，强策鞭于修途，诚不知其所终也。"

他将自己喻作一匹力竭的老马，却又要强勉鞭策自己挣扎向前。这几句话，勾画出张居正这位政治家鞠躬尽瘁的晚年。

《明史》中说：“居正为人，颀面秀眉目，须长至腹。勇敢任事，豪杰自许。然沉深有城府，莫能测也。”

上边的话，描绘张居正的胡子特别长，只能说明长相，其实不属于主要特点，而“勇敢”和“深有城府”，却是一般人所不具备、有别于常人的特点。

张居正年轻的时候就立有“富国强兵”的志向。政治的纷争，使他浪费了太多的时间和精力，直到万历初年，他排除了一切阻碍与抗衡的政敌，才得以用全部精力，按照他自己的意愿实现其志向，这便是著名的张居正的改革。

张居正克服重重阻力，改革漕运、互市及考成法诸项，此外还有清丈全国土地，推行“一条鞭法”。他立下了“苟利社稷，死生以之”的誓言。

张居正凡事都要亲自过目，亲自处理，为此耗尽了精力，直到万历十年二月，他一病不起。张居正办事独断专行，已经习以为常，虽然病倒了，阁臣们也只是处理一些细务，大事还要到家中，到病榻前请示他处理。张居正起初还坚持在病榻上处理公务，后来病情恶化，已经没有力气遍阅文书，却仍不放心让别人去办。

在病榻上想起柄政十年来的政绩，张居正心中感到宽慰，在给他的老师，原内阁大学士徐阶贺八十寿辰序中，对这十年作了一番总结："万历以来，主圣时清，吏治廉勤，民生康阜，纪纲振肃，风俗朴淳"。"一时海内号称熙洽，人咸谓居正能，而不知盖有所受之也"。

很明显，这是张居正借机抬高与歌颂自己。

其实，张居正无需自我歌颂，当时，他随处都能听到歌颂赞美他的话。他似乎已经预感到他将不久于人世，给自己作一个总结。

六月，张居正给皇帝上疏道："伏望慈圣垂悯，早赐骸骨，生还乡里，倘不即填沟壑，犹可效用于将来。"而神宗见疏，没有同意他的请求。几天以后，张居正病情加重，再次上疏恳请生还："伏望皇上怜臣十年拮据尽瘁之苦，早赐骸骨，生还乡里，如不即死，将来效用尚有日也。"然而神宗的圣谕，只是让他安心养病，"慎勿再有所陈"。到了这个时候，人家皇上就是不放张居正，他也

就再无话可说了。

也许人们不能理解，张居正已经病入膏肓了，皇上为什么还不放他还乡？六月十八日，神宗派人赍手敕慰问，那手敕上写道："闻先生糜饮不进，朕心忧虑，国家大事，当为朕一一言之。"这就解开了皇上不放张居正的谜底。

张居正从昏迷中苏醒过来之后，还是给皇帝推荐了潘晟、余有丁等人。两天以后，张居正病死在家中。

张居正的灵柩，终于回到了家乡江陵。当年，有一位少年考中了进士，从此进京步入了仕途。三十六年以后，当年的这位进士回来了。不过，不再是那英姿勃发志向远大的少年进士，而是功业彪炳的张居正。

司马穰苴治军

田穰苴，春秋时齐国大夫，官职司马，深通兵法。齐景公时，晋、燕入侵，齐国大败，相国晏婴推荐司马穰苴，景公很满意，立即任命他为将军，统率军队，去抵抗晋、燕的大军。但穰苴向景公提出了一个请求说："我出身卑贱，君王把我从一个普通的平民，一下提拔为大夫以上的职位，士兵恐怕不会服从，百姓也不会信任，人的资历浅，威望不足以服众，希望君王能派一位您宠信的大臣，并且是国人所敬畏的人，来做我的监军，我才能完成您的使命。"景公同意了穰苴的请求，派了宠臣庄贾做监军。穰苴辞别了景公，同庄贾约定，第二天的正午，在军门相见。约定的那天，穰苴提前赶到军门后，为了时间的准确，穰苴命令立起测日影木表，打开测时间的漏壶，等待庄贾的到采。宠臣庄贾乎日一向骄贵惯了，认为将军已经到了军中，自己又是个监军，不用着急去军门。他的亲戚左右为他饯行，大摆筵席，于是他便大吃大喝起来。已到正午的约定时间，庄贾没有到来。穰苴便仆到木表，去掉壶中的漏水，表明正午时间已过，庄贾已经失约。随即到里边巡视，整顿部队，严肃纪律，宣布各种规章制度。等把这一切工作都做完，已是傍晚的时间，这时庄贾才到军中。穰苴问："约好的时间，为什么迟到呢？"庄贾表示歉意说："那些亲戚左右都要为我送行，所以来晚了。"穰苴词严义正地说："将领在接受任务的那一天起，就应该忘掉自己的家庭，到了部队，宣布了军令、纪律后，就应该忘掉一切私情，在战鼓擂动，两军拼杀的时候，就应该奋不顾身，将生死置之度外。现在敌军已深入了国境，国内人心惶惶，士兵们暴露在前线，君王睡不好觉，连饮食都觉得没有味道，全国百姓的生命，都系在你的身上，您还有心思去参加什么相送的宴请？"于是召来军中法官问话："按照军法，将士在约定的时间不到的，应当怎样处理?”法官回答说:“应当斩首。”庄贾害怕极了,派人急报景公求救。但还没等人回来,庄贾已经被斩首了,当庄贾的尸体向三军示众时,三军的将士没有一个不震惊的。在行军途中,穰苴对士兵的营房、井灶、饮食、疾病、医药,都一一过问,亲自检查,妥善安排,并把将军享用的东西,全部分发给士兵,自己和士兵吃一样的伙食。还对身体瘦弱有病的作了特殊的照顾,安置在一起。其余的士兵,三天以后准备战斗。但那些有病的士兵,却都要求参加战斗,争取到前线立功。晋、燕两军得知这情况后,都开始撤军,于是穰苴趁机追击,终于收复了全部丧失的领土,率兵凯旋。

周亚夫治军

周亚夫，右丞相周勃之子。文帝改元后的第六年匈奴贵族大举进攻汉边境，周亚夫以河内守为将军，防守细柳（今咸阳西南）。有一次文帝亲自去慰劳军队。到霸上（今西安东）及棘门（今咸阳东北）军营时，长驱直入，自将军以下官员，都骑着马迎送。一会儿又到了细柳军营。军士们个个穿着铠甲，拿着锐利的兵刃，张开弓弩，搭上箭，准备射击。文帝的先头卫队到了，但不让进入军营。先驱部队的官员说："天子马上就要来慰劳军队了。"军门的都尉回答说："我们将军有命令：'军队中只听将军的命令，不听天子的诏命。"待了一会儿，文帝到达了。

又不让进入军营。于是文帝才派遣使者，拿着天子的符节，告诉周亚夫："我要到军营慰劳军队。"周亚夫这才下令打开军营的大门。营门的守卫告诉文帝的随从车队："我们将军有约定，军营中车马不能奔驰。"于是文帝拉着缰绳，慢慢地行走。到了军营中，将军周亚夫手持兵器向文帝行礼说："穿着铠甲的将士不能下拜，请允许以军礼拜见。"看到这情景，文帝大为感动，庄严地俯身凭着车前的横木，向将士表示致敬。并派人转告周亚夫说："皇帝恭敬地来慰劳将军。"文帝完成了慰劳军队的礼节，就离开了军营。文帝的车队走了以后，所有的大臣都非常惊讶。文帝感慨地说："唉！周亚夫才是真正的将军啊！刚才在霸上，棘门所看到的军队，简直是像儿戏一样，他们的将领是可以袭击和被生擒的，而周亚夫，谁能够侵犯他呢？"过了很久，文帝还是赞不绝口。

范滂除奸

东汉范滂被太尉黄琼征聘去做官。后来皇帝下诏书要太尉、司徒、司空三府下属的各部门负责人，采访民间疾苦，考察郡县政绩，向朝廷报告。范滂向皇帝上书，弹劾了刺史、太守和权门豪绅共二十多人。尚书责备范滂弹劾的人太多，怀疑他有私仇。范滂回答说：“我所检举的假若不是贪赃枉法、奸邪残暴、深为民恨的人，怎么肯轻易写在书札上呢？只因现在要向朝廷陈奏，时间紧迫，所以先检举那些急需检举的人。至于那些尚未调查清楚的，正在反复调查核实。我听说，农夫锄掉杂草，庄稼必定会茂盛；忠臣把奸佞除去，国家的政治一定会清明。假如我检举的，有不符合实际的地方，甘愿当众被处死。”官吏们这才不再责问。

重要文章自己写

北魏孝文帝，非常喜欢读书，读起书来手不释卷，“五经”——《诗》、《书》、《礼》、《易》、《春秋》的微言大义，拿过来就能谈论，深入地探究其中的精髓和奥秘，而这种能力并不是教师传授的。史传、诸子百家，他没有不涉猎的。他喜欢谈论《庄子》、《老子》，对佛教经义尤其有精辟的见解。孝文帝才思敏捷，诗、赋、铭、颂可即兴而作。需要写诏令等重要文件时，他马上口授，等到说完了，记下来，不需要更改一个字。从孝文帝太和十年以后，诏书以及封赠、任免臣下的文书等，都是皇帝亲自来写。另外，他还有其他文章一百多篇。

年迈志坚以身殉职

公孙景茂是隋文帝时代一位令人称道的贤士。一生政绩卓著，他那种鞠躬尽瘁的精神，更为后人所颂扬。年老之后，曾两度要求离职告老还乡，当皇帝要他继续留任时，他便竭尽全力地去工作。开皇十五年，隋文帝出巡洛阳，年已七十七岁高龄的公孙景茂前去拜谒，谈话中，文帝闻知公孙景茂的实际年龄后，叹息了半天。这时，景茂上前再拜，并且说："姜太公八十岁的时候遇到周文王；而我超过七十岁时幸逢陛下。我愿尽心竭力，为国效劳。"隋文帝听后十分高兴，赏赐物品很多，同时下诏书对景茂加以赞扬："景茂修身洁己，年逾古稀而学识渊博，老当益壮，精神矍铄；勤政爱民，教化百姓，声绩显著。年终考核独为称首，应该加官进爵，封为仪同‘三司’的官号”。第二年，景茂患病，其下属官员悲痛得在道上哭泣，病好后，他要求弃官还乡，但没有获准，于是又转任道州刺史，这年他七十八岁。隋文帝仁寿年间，年逾八十的公孙景茂曾一度离任，这时，上明公杨纪出使河北，看到公孙景茂身体尚佳，精神、气力不减，就上奏皇帝，于是又接受隋文帝的任命，担任淄州刺史，八十七岁时，死在这个官位上。公孙景茂死后，州里许多官吏、百姓都来为他送葬，人数多达几千。有的人赶不上送葬，就望着他的坟头痛哭，在野外拜祭之后才离去。